日本海

択捉島

北海道

青森県
秋田県　岩手県
山形県　宮城県
富山県
大阪府　滋賀県
京都府　石川県　新潟県　福島県
兵庫県　福井県　　　　栃木県
鳥取県　　岐阜県　長野県　茨城県　埼玉県
島根県　　岡山県　　　群馬県　東京都
福岡県　　広島県　　　　　静岡県　千葉県
佐賀県　山口県　　三重県　愛知県　神奈川県
長崎県　　愛媛県　　　　　山梨県
熊本県　高知県　徳島県　奈良県
宮崎県　　　香川県　和歌山県
鹿児島県　大分県

沖縄県

太平洋

小笠原諸島

日本の国土のはんい

国土の東端
東経153度59分
南鳥島

国土の南端
北緯20度25分
沖ノ鳥島

50°
45°
40°
35°
30°
25°
20°

130°　135°　140°　145°　150°　155°

元・玉川大学客員教授

松田 博康
まつだ ひろやす

SDGsの課題の解決に
エスディージーズ　かだい　かいけつ
調べ学習ガイドを役立てよう!

　調べ学習ガイドは、これまでさまざまな観点から例をあげて示してきました。
かんてん　れい　しめ
今回は、これからのわたしたちの持続可能な目標であるSDGsに示された目標
じぞくかのう　もくひょう　エスディージーズ　しめ　もくひょう
にそって、日本各地で実践されている事柄を例示して、自分の身近な地域や学ん
かくち　じっせん　ことがら　れいじ　ちいき
でいるところでも同じようなことがあるのではないかと考えるヒントになればと
取り上げました。

　SDGs(持続可能な開発目標)は、2015年国連サミットにおいて、2030年を
エスディージーズ　じぞくかのう　かいはつもくひょう　こくれん
期限として国連加盟国すべてが取り組むことが決められました。
きげん　こくれんかめいこく

　17ある開発目標のすべての例示はできませんが、本巻では調べ学習の参考と
れいじ　ほんかん　さんこう
して、日本各地で取り組んでいる実践事例を示しました。さらに具体的にくわし
かくち　じっせんじれい　しめ　ぐたいてき
く調べてみると、より深く意味を解明することができるでしょう。
かいめい

　学習していることや生活の中で疑問や不思議に思ったことを、17のどれに当
ぎもん　ふしぎ
てはまるか考えて、その原因や要因は何かを、調べ学習ガイドを参考にして自分
げんいん　よういん　さんこう
の課題の解決に役立ててください。
かだい　かいけつ

都道府県別 日本の地理 データマップ
第4版

8 調べ学習ガイド・全巻さくいん

監修：元・玉川大学客員教授　**松田 博康**

小峰書店

都道府県別
日本の地理
データマップ
第4版

8 調べ学習ガイド・全巻さくいん

もくじ

未来のためのSDGs

　現在の地球は、地球温暖化などの環境問題、貧困や飢餓、教育などの社会問題、働くことと関係する経済問題など、さまざまな問題があります。今世界でおこっている問題をそのままにしていては、近い将来、わたしたち人間が地球でくらしていくことはできなくなってしまうかもしれません。

　そこで2015年、国際連合（国連）では、さまざまな問題を解決するために、2030年までに達成する目標を定めました。これがSDGsです。

17の目標

あらゆる場所で、あらゆる形態の貧困に終止符を打つ

すべての人に包摂的かつ公平で質の高い教育を提供し、生涯学習の機会を促進する

すべての人に手ごろで信頼でき、持続可能かつ近代的なエネルギーへのアクセスを確保する

飢餓に終止符を打ち、食料の安定確保と栄養状態の改善を達成するとともに、持続可能な農業を推進する

ジェンダーの平等を達成し、すべての女性と女児のエンパワーメントを図る

すべての人のための持続的、包摂的かつ持続可能な経済成長、生産的な完全雇用およびディーセント・ワーク（働きがいのある人間らしい仕事）を推進する

あらゆる年齢のすべての人々の健康的な生活を確保し、福祉を推進する

すべての人に水と衛生へのアクセスと持続可能な管理を確保する

強靭なインフラを整備し、包摂的で持続可能な産業化を推進するとともに、技術革新の拡大を図る

この本のSDGsについて

このシリーズの2〜7巻では、各地のSDGsの先進的な取り組みを紹介しています。この巻ではSDGsの観点から考えられる調べ学習のテーマと調べ方を紹介します。

SDGsがめざす17の目標

SDGsには17の具体的な目標があり、それぞれの目標は、わかりやすく、アイコンであらわされています。そして、17の目標それぞれには、さらに細かい169のターゲットが決められています。

SDGsを達成するにあたり、「だれ一人取り残さない」ことがしめされています。すべての国・地域の目標であり、すべての人びとのための目標です。だれもが協力して取り組まなければならない目標なのです。

10 人や国の不平等をなくそう
国内および国家間の格差を是正する

13 気候変動に具体的な対策を
気候変動とその影響に立ち向かうため、緊急対策を取る

16 平和と公正をすべての人に
持続可能な開発に向けて平和で包摂的な社会を推進し、すべての人に司法へのアクセスを提供するとともに、あらゆるレベルにおいて効果的で責任ある包摂的な制度を構築する

11 住み続けられるまちづくりを
都市と人間の居住地を包摂的、安全、強靭かつ持続可能にする

14 海の豊かさを守ろう
海洋と海洋資源を持続可能な開発に向けて保全し、持続可能な形で利用する

17 パートナーシップで目標を達成しよう
持続可能な開発に向けて実施手段を強化し、グローバル・パートナーシップを活性化する

12 つくる責任 つかう責任
持続可能な消費と生産のパターンを確保する

15 陸の豊かさも守ろう
陸上生態系の保護、回復および持続可能な利用の推進、森林の持続可能な管理、砂漠化への対処、土地劣化の阻止および逆転、ならびに生物多様性損失の阻止を図る

SDGs
Sustainable （持続可能な）
Development （開発）
Goals （目標）

調べ学習の流れ

1 | 調べたいことをさがす

　この巻の6〜21ページでは、SDGsの観点から考えられる8つのテーマをもとに、調べ学習の流れの例を紹介しています。資料には、統計、地図、写真、イラスト、昔の文献などさまざまなものがあります。

　まず、興味を引く資料を見つけ、その資料から調べる課題を考える流れになっています。「資料のどこに注目するとよいか」をしめしていますので、自分がさがした資料でも活用できる例がないか、確認をしてみましょう。

どんな資料に注目するとよいか、ポイントをしめしています。
・身のまわりの生活にかかわるもの
・テレビや新聞などのニュースで見るもの
・本やインターネットで見る統計
などから、資料の例をあげています。

なるべく「おもしろそう！」「もっと調べてみたい！」と思える資料をさがすようにするとよいでしょう。

🔍 身のまわりの資料から調べる

上勝町資源分別表
-分ければ資源、混ぜればごみ！-

↑45種類のごみ分別表（上勝町）

資料のココに注目
なんでこんなに分別するんだろう？

ごみの分別から始まるまちづくり

❶上勝町（徳島県）
⇒6巻50ページ

　2003年に、上勝町はごみをゼロにすることを目標にした「ゼロ・ウェイスト」を宣言し、ごみをへらす活動をつづけてきました。45種類の分別をおこなうことで、できる限りごみそのものをなくすことをめざしています。

どうしてこんなにたくさんの分別をするの？

　ごみを処理するには、多くの費用がかかります。ごみの量や種類がふえていくと、新しい焼却炉が必要になり、購入するための費用もかかることになります。また、ごみ処理にともなう有害物質も問題になりました。そこで、ごみを数多く分別して資源にできるものをふやし、燃やす量をへらすことを始めました。また、ごみステーションの中に、まだ使えるものを持ちこむ場所をつくり、町民がだれでも自由に持ち帰ることができるようにしました。こうした取り組みの成果で、2016年には、リサイクル率80%を達成し、持続可能な社会に向けて、世界からも注目されています。

関連するおもなSDGsの目標をしめしています。

まずは資料に対して、気づいたことや素朴な疑問を挙げていきます。
ふだんから思っていること、気になっていることなどをまわりの人と話すと、課題が見つかることもあります。「おもしろそう」と思うものを選び、楽しみながら進めてください。

調べ学習のなかで、もっとも大切なのが「調べたいこと」をさがし、「課題」を考えることです。調べたいことをさがすには、「資料」に注目すると考えやすくなります。最後に自分の考えたことをまとめていきます。

2 ｜ 調べたいことを考える

「調べる課題の例」を参考にして、自分が調べる課題を考えていきます。自分が生活しているなかで、気になることやこまっていることから課題を見つけていくのもよいでしょう。

調べる課題の例
●上勝町と自分の住む身近な地域のごみの分別とのちがいを調べよう。
●さらにリサイクルを進めていくにはどうしたらよいか、上勝町がめざしていることから考えてみよう。

関連資料
●上勝町のごみの量とリサイクル率

> 身近な地域の資料とくらべて考えることは、一つの課題となります。

> 見えてきた課題に対して、「どのように解決していくとよいのか」を考える例です。

3 ｜ 調べて、自分なりに考えたことをまとめよう

さがした資料からわかったこと、自分なりに考えたことをまとめていきます。具体的な取り組みとその結果を調べるとともに、似ている例をあわせて調べると、理解が深まります。

調べて出てきたデータから考えられることをまとめていきましょう。自分なりの意見・提案を考えます。取り組みを支える「思い」を知ると、自分の意見も深まるでしょう。

マークの見方

 気になったテーマをもっと調べたいときに、チェックするためのページを紹介しています。

 調べ学習に役立つサイトを紹介しています。

🔍 データを活用して課題を解決する

調べて出てきたデータを集めて分析し、課題を解決する方法を考えていくまとめ方もあります。データは、経験や勘とはことなり、不要な情報はふくまれず、事実だけがあらわれます。そのため、新たな発見がしやすいのです。

データを活用して、調べたことをまとめる方法にも挑戦してみましょう。20ページでは「データの変化」から調べる例を紹介しています。どんな事実が見えてくるか、発見してみてください。

●データの変化から調べる

●2019年の人口増減数のランキング

順位	市区町村名	人口増減数（人）
1	大阪市（大阪府）	1万5936
2	川崎市（神奈川県）	1万3839
3	福岡市（福岡県）	1万3306
4	さいたま市（埼玉県）	1万1889
5	横浜市（神奈川県）	8976
6	世田谷区（東京都）	8579
7	名古屋市（愛知県）	7277
8	品川区（東京都）	7004
9	練馬区（東京都）	7002
10	中央区（東京都）	5859

●2021年の人口増減数のランキング

順位	市区町村名	人口増減数（人）
1	さいたま市（埼玉県）	7637
2	福岡市（福岡県）	5498
3	つくば市（茨城県）	4732
4	流山市（千葉県）	4203
5	藤沢市（神奈川県）	3637
6	吹田市（大阪府）	2768
7	柏市（千葉県）	2680
8	大和市（神奈川県）	1939
9	印西市（千葉県）	1861
10	千葉市（千葉県）	1602

（住民基本台帳人口移動報告）

> 資料のココに注目
> 二つの資料をくらべて、人口がふえた市区町村にどんなちがいがあるだろう。

▲人口増減数ランキング 2019（コロナ前）と2021（コロナ後最新）の比較 新型コロナの影響もあり、東京都内ではなく、近くの県の市区町村への移動がふえた。

身のまわりの資料から調べる

上 勝 町 資 源 分 別 表
-分ければ資源、混ぜればごみ!-

↑45種類のごみ分別表（上勝町）

資料のココに注目
なんでこんなに分別
するんだろう？

↑町に1か所だけあるごみステーション「上勝町ゼロ・ウェイストセンター」
上勝町にはごみ収集車がなく、ごみは自分たちで車で持ちこむ。

ごみの分別から始まるまちづくり

❶上勝町（徳島県）
➡6巻50ページ

　2003年に、上勝町はごみをゼロにすることを目標にした「ゼロ・ウェイスト」を宣言し、ごみをへらす活動をつづけてきました。45種類の分別をおこなうことで、できる限りごみそのものをなくすことをめざしています。

どうしてこんなにたくさんの分別をするの？

　ごみを処理するには、多くの費用がかかります。ごみの量や種類がふえていくと、新しい焼却炉が必要になり、購入するための費用もかかることになります。また、ごみ処理にともなう有害物質も問題になりました。そこで、ごみを数多く分別して資源にできるものをふやし、燃やす量をへらすことを始めました。また、ごみステーションの中に、まだ使えるものを持ちこむ場所をつくり、町民がだれでも自由に持ち帰ることができるようにしました。こうした取り組みの成果で、2016年には、リサイクル率80％を達成し、持続可能な社会に向けて、世界からも注目されています。

調べる課題の例
●上勝町と自分の住む身近な地域のごみの分別とのちがいを調べよう。
●さらにリサイクルを進めていくにはどうしたらよいか、上勝町がめざしていることから考えてみよう。

関連資料
●上勝町のごみの量とリサイクル率

7巻35ページ（水俣病の教訓を未来へ）／7巻56ページ（大崎リサイクルシステム）

ZERO WASTE TOWN Kamikatsu（上勝町）

わたしたちは毎日、さまざまなものを使っています。そして使わなくなったもの、使い切ったものをごみとして捨てています。ごみは、地球や生物に影響をあたえ、処理にはお金もかかるなど、わたしたち「使う」側も、ものを「つくる」側もいっしょに考えていく必要がある問題です。「使う」「捨てる」にかかわるまちづくりを考えてみましょう。

🔍 ニュース写真から調べる

←由比ヶ浜海岸（鎌倉市）に打ち上げられた赤ちゃんクジラ
（2018年）

資料のココに注目
クジラのおなかから見つかったものは？

プラスチックごみゼロをめざす

❷鎌倉市（神奈川県）
➡3巻58ページ

由比ヶ浜に打ち上げられたクジラの胃の中から、プラスチックごみが発見されました。SDGs未来都市である神奈川県と鎌倉市は、これを「クジラからのメッセージ」と受け止め、リサイクルされずに廃棄されるプラスチックごみをゼロにすることをめざしています。先進的な取り組みも多く、詰め替え製品のプラスチックを集めて、新しい資源に循環させる取り組みも始まっています。

調べる課題の例
● プラスチックごみは、海の生物にどんな影響をあたえるのだろう。
● プラスチックごみをへらすために、どんな取り組みがおこなわれているのだろう。

関連資料
● 海のプラスチックごみの量

 3巻32ページ（埼玉県春日部市）／5巻33ページ（大阪ブルー・オーシャン・ビジョン）／7巻27ページ（長崎県対馬市）

💻【小学生向け】みんなのプラスチック対策（横浜市）

🔍 「食品ロス」に取り組む：❸姫路市（兵庫県）

先進国では、まだ食べられるのに捨てられてしまう「食品ロス」が問題になっています。兵庫県姫路市では、市のアプリとホームページで、市内の食品にかかわる企業が、消費期限・賞味期限の近い食品や、商品としては売ることがむずかしく捨てられてしまう可能性のある食品について、安く売っている情報を発信できるようにしています。こうしたサービスを市としておこなうのは、全国初の試みです。

💻 食品ロスとは（農林水産省）／食品ロス削減の取り組み「姫路市食品ロスもったいない運動」について

➡食品ロスもったいない運動ポスター（姫路市）

時間の経過で変化した資料から調べる

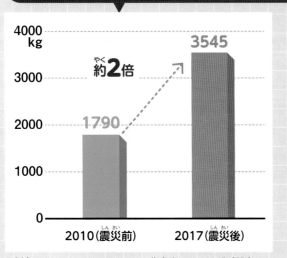

4000 kg
約2倍
3545
1790
2010（震災前）　2017（震災後）

600万円
約1.5倍
500.9
338.0
2010（震災前）　2017（震災後）

資料のココに注目
震災後に生産量と生産金額がふえているのはどうしてだろう。

↑震災前後でくらべた、かきの1経営体あたりの生産量（左）と生産金額（右）

（第24回全国青年・女性漁業者交流大会　宮城県漁業協同組合志津川支所戸倉出張所カキ部会 発表資料より作成）

東日本大震災後に考えた海の未来

❶南三陸町（宮城県）
➡2巻37ページ

2011年の東日本大震災による津波で、南三陸町戸倉のかきの養殖場は大打撃を受けました。再開すら危ぶまれるなかで、養殖業にかかわる人びとは、「養殖施設を震災前の3分の1に削減する」という大きな決断をしました。

➡ ASC認証（右）、ASC認証のラベルが付いた食品（下）

責任ある養殖により生産された水産物
asc認証
ASC-AQUA.ORG
TM

環境に大きな影響をあたえない養殖で生産されたものであることをしめす国際基準にASC認証がある。南三陸町戸倉地区のかきは、日本で初めてASC認証の取得を実現した。

（写真提供：たみこの海パック）

大きく変わった持続可能なかきの養殖

震災前の養殖場は、生産量をふやすために、多くのいかだをうかべ、過密状態でした。海水がよどみ、かきの排せつ物によって海水の汚染も広がっていたほか、人びとも管理のために長時間働き、養殖業はきびしい状態でした。震災からの復興をめざすと同時に、海の環境や労働環境を改善し、持続可能な養殖をつづけていく決断をしたのです。その結果、いかだ1台あたりの生産量が倍増し、また設備をへらしたことでコストも下がり、管理も軽減され労働環境も改善されました。さらに、若い世代がふえるなど、新しい養殖業の形が進んでいます。

調べる課題の例
●東日本大震災で、南三陸町の漁業はどのように変化したのだろう。
●未来の漁業を考えた取り組みは、ほかにどのようなものがあるだろう。

関連資料
●水産業にかかわる人びとの年齢構成グラフ
●世界と日本の一人あたりの年間水産物消費量の変化

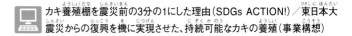
カキ養殖棚を震災前の3分の1にした理由（SDGs ACTION!）／東日本大震災からの復興を機に実現させた、持続可能なカキの養殖（事業構想）

海にはさまざまな生物が生きており、わたしたち人間は、生物を食料としたり、観光資源として活用したりしながら、共にくらしてきました。しかし、海の生物をとり過ぎたり、海をよごしたりすることによって、海の生態系が維持できなくなる可能性がおこっています。海の生態系を守りながら産業を発展させていく、未来の水産業・観光業の形を考えた取り組みを見てみましょう。

❷恩納村
❶南三陸町

🔍 自分たちにできることから調べる

⬆中学生が開発したサンゴにやさしい日焼け止め
恩納村立うんな中学校の3年生が、企業と協力し、地域資源を使った商品を開発した。

➡サンゴの苗の植えつけダイビングのようす（恩納村）
約20年前から、全国で初めて恩納村漁業協同組合はサンゴの養殖と植えつけを始め、サンゴの生存率を上げることに成功している。

資料のココに注目
自分たちと同じ小中学生の取り組みを見たときには、自分たちでもできることを考えてみよう。

(写真提供：（一社）恩納村観光協会)

サンゴと共に生きる

❷恩納村（沖縄県）
➡7巻66ページ

恩納村はサンゴ礁をはじめとする豊かな自然環境のもと、リゾート地として発展してきました。しかし、近年海水温の上昇やオニヒトデの大量発生などにより、サンゴ礁はへっています。2018年に「サンゴの村宣言」を発表し、エコツアーなどで観光地としてのブランド力を高めながら、環境保全活動・教育を進めています。

調べる課題の例
●恩納村が、サンゴ礁の保護に取り組むようになったきっかけはなんだったのだろう。
●海を守るために小中学生が取り組んでいる例は、ほかにどんなものがあるのだろう。

関連資料
●サンゴ礁の分布面積の変化　●海面水温の変化

👆7巻69ページ（沖縄をささえる観光業）

🖥サンゴの村宣言（恩納村）／PROJECT1 UNNA 魂／サンゴ礁の働きと現状（水産庁）

🔍 このままでは魚類資源はつきてしまう？

1960～1990年にかけて、世界の漁獲量はふえつづけていました。人間がとり過ぎたことで、海の生物は繁殖する機会がへって数が保てなくなり、絶滅する可能性のある種類もふえています。これからも持続可能な水産業をつづけていくためには、海の生物が繁殖していくことができるように、一国ではなく、世界各国での漁獲量の管理が大切です。

関連資料　●世界の国別漁獲量の変化
🖥SDGs CLUB（日本ユニセフ協会）

➡持続可能な魚類資源の割合の変化（SDGs CLUB）

生物学的に持続可能な水準にある魚類資源の割合は、

90% [1974]

から

67% [2015]

へと減少

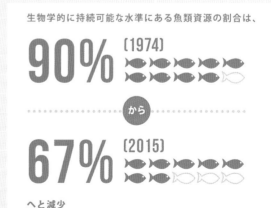

🔍 街づくりの計画から調べる

資料のココに注目
100年という長い期間を考えているのはどうしてだろう。

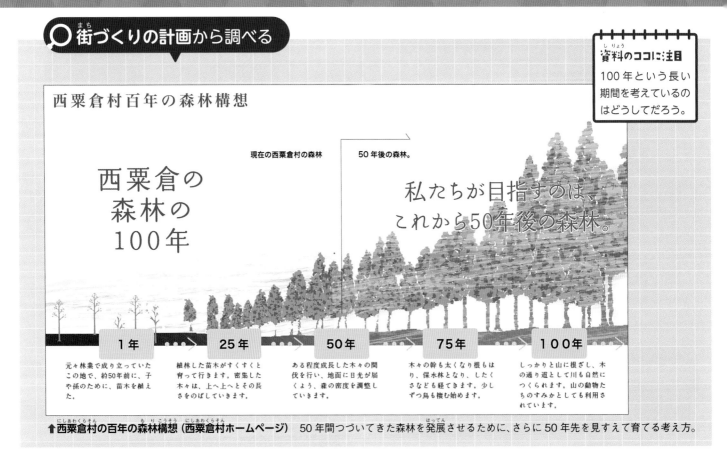

↑西粟倉村の百年の森林構想（西粟倉村ホームページ）　50年間つづいてきた森林を発展させるために、さらに50年先を見すえて育てる考え方。

持続可能な森林を

❶西粟倉村（岡山県）
➡6巻24ページ

　西粟倉村は、面積の95%が森林がしめる山村です。林業が衰退していくなかで、村の財政も悪化していましたが、森林の価値を新しくデザインし、持続可能な森林づくりをおこない、林業以外の新たなビジネスにも取り組む「百年の森林構想」による発展をめざしています。

守り発展させるための取り組み

　村の森林の多くは人工林で、約50年前に植林されたものであり、これをあと50年かけて大切に育てていくのが「百年の森林構想」です。「百年の森林」に囲まれた「上質な田舎」をめざし、豊かな森林資源をいかしたさまざまな新しい事業をおこしています。古くなった宿泊施設を整備して交流拠点とするなど、若い世代もふくめ、多くの人を村によびこんでいます。

　また、脱炭素社会に向けて、自然環境をいかした再生可能エネルギーへの取り組みも始めています。水力発電と豊富な森林を使った木質バイオマスによる熱供給に力を入れており、どのように一般家庭での活用を広げていくのかが、現在の課題です。50年先の森林資源とともに、持続可能な村づくりを考えています。

調べる課題の例

●自分の住んでいる地域は、どのくらい先の期間を考えて、どんな街づくりをおこなっているのだろう。

●市区町村の取り組みのなかで、長い期間がかかるものは、ほかにどんなものがあるだろう。

参考資料

●林業で働く人の年齢構成の変化

 3巻27ページ（群馬県みなかみ町）

 百年の森林構想（西粟倉村）／SDGs×生きるを楽しむ2021（Through Me）

❷下川町

❶西粟倉村

森林には、たくさんの生物がくらしています。わたしたち人間は、木を住まいとしてだけでなく、材料として、紙類、家具などさまざまな物をつくっています。また、開発のために森林を伐採することもあり、世界中で森林がへってしまいました。いっぽうで森林は、再生可能エネルギーの材料としても注目されています。森林と共に生きる市区町村の取り組みを調べてみましょう。

🔍 気候が見える写真から調べる

↑雪の中で丸太を積み上げるようす　下川町の冬は寒さがきびしく、以前は作業ができなかったが、林業機械が高性能になり、冬でも作業がおこなえるようになった。

↑一の橋バイオビレッジ
平家の建物が並び、高齢者に優しいバリアフリーの設計になっている。

資料のココに注目
寒さがきびしい地域で、森林の木々は何に使われているだろう。

森林をエネルギーに

❷下川町(北海道)
➡2巻8ページ

下川町では、早くから森林資源を余すところなく使うゼロエミッションに取り組んできました。代表的なものは、使わなかった間伐材などを利用する木質バイオマスです。下川町の一の橋地区では、最盛期の約2000人から約140人まで人口がへってしまいましたが、「バイオビレッジ」とよばれるエネルギー自給型エリアとして再生しました。ここでは給湯・暖房はすべて木質バイオマスボイラーから供給され、太陽光発電も使われています。化石燃料を使うよりも、再生可能エネルギーによる自給を高めることで燃料費を削減し、その分子育て支援を厚くするなど、地域経済への循環をはかっています。

調べる課題の例
●森林の保護を進めることで、どのような街づくりをおこなおうとしているのだろう。
●森林などの自然を利用したエネルギー資源開発や産業は、ほかにどのようなものがあるだろう。

関連資料
●下川町の人口の変化と年齢構成

☞6巻24ページ(岡山県真庭市)

💻2030年における下川町のありたい姿(下川町)／一の橋バイオビレッジ構想(下川町)

🔍 FSC®認証とは

森林は、多くの生物がくらす場であるとともに、二酸化炭素の吸収や土砂災害の防止などの役割をもつ、生物にとって欠かせないものです。人間による森林破壊を防ぐために、計画的な植林や、適切な管理が認められた森林から得られる木材やリサイクル資源を使った商品に、FSC®認証をあたえる制度があります。森林自体がFSC®認証を得ることも可能で、西粟倉村と下川町も取得しました。

💻森を守るFSCマークとは(FSCジャパン)

◀FSC®マーク
FSC®認証を取得することで付けることができるものであり、マークが描かれたラベルには、色と形にいくつかの種類がある。また、FSC®の認証にもレベルがあり、一目でわかるようになっている。

地球温暖化を防ぐための
エネルギーとは

🔍 未来の目標から調べる

環境目標		エネルギー目標	安全・安心目標(CCP)※3
CO₂ **70%** 削減※1	生活用水 **30%** 削減※2	再生可能 エネルギー利用率 **30%以上**	ライフライン確保 **3日間**

＊戸建住宅ではCO2±0を目指します
※1) 1990年比
※2) 2006年一般普及設備比較
※3) 非常時に、通常の状態に
　　復旧するための計画

←↑ **Fujisawa サスティナブル・スマートタウン**　太陽光発電などをそなえた住宅を設置。二酸化炭素や生活排水の削減、再生可能エネルギー利用率のアップなど、環境についてさまざまな目標を立てている。

資料のココに注目
自分の住んでいる地域では、未来に向けてどのような目標を立てているのだろう。

（FujisawaSST 協議会提供）

サステナブルなスマートタウン

❶藤沢市(神奈川県)
→3巻58ページ

　通常の街づくりは、インフラを整え、家や施設をつくり、住人のためのサービスを考えるという順で進みます。しかし、藤沢市の「Fujisawa サスティナブル・スマートタウン」では、逆にエネルギー、安全、健康など、住人サービスから、住人の意見を反映しながら100年つづく街づくりを考え、最後にインフラを整えているのが特徴です。最新の技術・サービスが活用されているスマートタウンで、約1000世帯の入居が予定された大きな街づくりプロジェクトとなっています。

←**電動アシスト自転車のシェアリング**　移動のときの脱炭素を実現するために、電動アシスト自転車のシェアリングサービスをおこなっている。バッテリーの充電の手間や残量への不安を解消するために、バッテリーを自由に交換・利用できるサービスもある。

（FujisawaSST 協議会提供）

環境・安全の目標を立てた街づくり

　各住居には太陽光発電システムと蓄電池、エネファームなどが付けられています。100年つづく街をつくるため、環境保護と生活の快適さを両立させた、街づくりの目標が立てられています。
　脱炭素社会に向けて、再生可能エネルギーの利用をふやし、二酸化炭素の排出量をへらしていくことは大切です。藤沢市では、最新の技術・サービスを活用しながら、環境・安全が持続する新たなスマートタウン像をめざしています。

調べる課題の例
●自分の住んでいる地域で、環境を守るための目標はどのように考えられているだろう。
●日本は、未来に向けてどのくらい二酸化炭素をへらそうとしているのだろう。

関連資料
●日本の電源構成と目標

1巻52ページ(日本の電源構成と目標)／7巻69ページ(エコアイランド宮古島)

なっとく!再生可能エネルギー(資源エネルギー庁)／使える素材集検索(全国地球温暖化防止活動推進センター)

❷つがる市

❶藤沢市

　地球温暖化の原因の一つである二酸化炭素をへらしていく「脱炭素」は、未来を守るために必要不可欠なことです。脱炭素社会に向けて、新しい技術や制度を活用することで、自然の力を生かす再生可能エネルギーを取り入れる動きが、日本各地で広がっています。各地の自然環境・産業に合った脱炭素の取り組みを調べてみましょう。

🔍 珍しい風景から調べる

資料のココに注目
農地に風車が立っているのはなぜだろう。

←ウィンドファームつがる　つがる市の屏風山周辺地域の農地の一部につくられている。38基の発電機が設置された、国内最大規模の風力発電施設。
(写真提供：株式会社グリーンパワーインベストメント)

農地の一部を風力発電所に

❷つがる市（青森県）
➡2巻21ページ

　ヨーロッパ諸国やカナダなどにくらべて、再生可能エネルギーの導入がおくれている日本ですが、2050年には電力の半分以上を再生可能エネルギーでまかなう目標を立てています。この目標を達成するために、技術開発を進めるとともに、使われていない農地に太陽光パネルや風力発電設備を設置できるようにする「農山漁村再生可能エネルギー法」が2013年に制定されました。

脱炭素に必須の再生可能エネルギー
　農山漁村再生可能エネルギー法にもとづき、農地の一部を活用し、ウィンドファームつがるは建設されました。このように再生可能エネルギーを生み出す場所をふやしていくことは、地球温暖化を防ぐ脱炭素社会にとって、必要不可欠です。

調べる課題の例
●日本では、どのようなところで再生可能エネルギーを使った発電がおこなわれているだろう。
●世界では、どのくらい再生可能エネルギーが使われているのだろう。

関連資料
●世界の電力生産量の内訳

🔗 1巻54ページ（日本の再生可能エネルギー）／7巻68ページ（石垣島：ブルーカーボン・オフセット事業）

🔍 生き物からエネルギーをつくる

　太陽光や風力とともに、動物や植物などの生物を資源とするバイオマス原料も注目されています。その一つとして、小さな藻の仲間であるユーグレナ（和名：ミドリムシ）を活用したバイオ燃料があります。
　ユーグレナの生産研究所を沖縄県石垣島にもつユーグレナ社は、食品や化粧品の商品開発をおこなうとともに、脱炭素に貢献できるバイオ燃料の製造開発にも取り組んでいて、使用済み食用油とユーグレナなどを原料にバイオ燃料をつくっています。

 ユーグレナ公式ホームページ

↑バイオジェット・ディーゼル燃料製造実証プラント
飛行機やバス、船などにバイオ燃料が使われている。

世界と日本の統計データから調べる

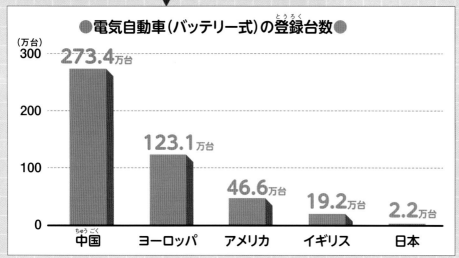

●電気自動車（バッテリー式）の登録台数●

（万台）
- 300
- 200
- 100
- 0

273.4万台 中国
123.1万台 ヨーロッパ
46.6万台 アメリカ
19.2万台 イギリス
2.2万台 日本

(IEA「Global EV Outlook 2022」より作成)

資料のココに注目
日本で電気自動車の年間登録台数が少ないのはどうしてだろう。

←各国・地域の電気自動車の年間登録台数（2021年）　電気自動車の導入が進んでいる中国やヨーロッパにくらべると、日本ではまだかなり少ない。

世界で導入が進む

電気で走る自動車

　乗り物のなかで、もっとも二酸化炭素の排出量が多いのは自動車です。そのため、化石燃料であるガソリンのかわりに、電気を使った自動車が注目されています。

電気で走る自動車とは？

　電気を使った自動車は、電気自動車（EV）とよばれ、世界中で導入が進んでいます。電気自動車は、エンジンではなくモーターによって動き、これまでの自動車にくらべて部品が少なくてすむことから、新しく自動車生産に参入しようとする企業がふえています。

　日本は自動車産業がさかんで、ガソリンと電気の両方を使って動くハイブリッド車の開発で、世界をリードしていました。しかし、世界では今後ハイブリッド車の販売も禁止していこうとする動きがおこっています。そのため、日本の自動車産業も、電気自動車の開発を進めざるを得ない転換期をむかえています。

調べる課題の例
- ●世界の国々で、電気で走る自動車がふえているのはどうしてだろう。
- ●日本で電気自動車をふやしていくには、どうしたらよいだろう。

関連資料
- ●日本で販売されている自動車の種類
- ●おもな国でのガソリン車の規制

↑電気を充電するための充電スタンド　商業施設などにも設置されるなど、全国で2万か所以上になっている。ガソリンスタンドの設置数の6割ほどにまでふえているといわれている。

小学生のためのよくわかる自動車百科「クリーンエネルギー車の開発」（日本自動車工業会）／クルマこどもサイト（TOYOTA）／電動DRIVE STATION（三菱自動車）／NISSAN KIDS! Adventurer「日産がつくる未来」（日産自動車）／Honda環境ラボKids（Honda）

二酸化炭素の削減に向けて、日本でさかんな自動車産業も対応をせまられています。走行時に二酸化炭素を排出しない電気自動車が世界でふえていくなか、日本がどのように対応していくのかが注目されています。また、電気自動車を市区町村の交通手段として取り入れる動きもふえ、電気スタンドなども整備されるようになってきており、自動車産業は大きな転換期をむかえています。

❶加賀市

🔍 新しい試みから調べる

資料のココに注目
公用車を貸し出そうと思ったのは、どのような目的だったのだろう。

←公用車として導入した電気自動車を市民にも貸し出すサービス
公用車として活用していない時間帯に、市民に貸し出している。

公用車で脱炭素

❶加賀市(石川県)
➡4巻27ページ

　加賀市では、市で使うエネルギーの100%を地域でつくった再生可能エネルギーでまかなう「加賀市版RE100」を進めています。また、市の公用車として電気自動車を導入するとともに、夜間や休日に電気自動車の公用車を貸し出すシェアリングサービスも始めています。市内の二酸化炭素の排出量をおさえながら、市民や観光客の交通手段として活用してもらうことで、観光業の発展もめざしています。また、脱炭素社会に向けて市民の意識向上をはかることも、取り組みのねらいの一つです。

調べる課題の例
●どうして電気自動車を公用車に使おうとしたのだろう。
●電気自動車を広めようとしている市区町村は、どんな取り組みをしているだろう。
関連資料
●都道府県別EV普及状況

 3巻58ページ(神奈川県小田原市)

 再エネ100宣言 RE Action

🔍 新たなエネルギー:水素

　二酸化炭素を排出しない水素を、燃料として使った火力発電の研究が進んでいます。また、水素は、自動車や家庭内で燃料電池として使うこともできます。水素と空気中の酸素から電気をつくる燃料電池によって動く「燃料電池自動車」は、走行時に二酸化炭素を排出しないため、環境にやさしい自動車として注目を集めています。まだ、水素を補給する水素ステーションの数が十分にないことは、課題の一つです。水素が新たなエネルギーとして活用できるか、注目を集めています。

 クリーンエネルギー自動車A to Z(次世代自動車振興センター)

↑東京大井水素ステーション　大きなバスなども使える国内最大級の水素ステーション。

🔍 地域のコミュニティづくりから調べる

←**グリーンスローモビリティ
とよばれる電気自動車** 高齢者にとって移動が大変な、バス停や駅から自宅までの道のりをつなぐための交通手段。銀行やスーパーへの移動手段としても活躍している。

┌─────────────────┐
資料のココに注目
写真に見られる乗り物は、どんな役に立つのだろう。
└─────────────────┘

→**地域を支える車のシェアリング** 寄付された自動車を使って運営され、地域づくりをいちばんの目的としている。

最大の被災地から未来都市へ

❶石巻市（宮城県）
→2巻34ページ

石巻市は、東日本大震災では大きな被害を受け、人口減少・少子高齢化が進みました。さらに、復興作業を最優先にするなかで、新たな課題も見えてきました。

震災からの復興・防災につながるコミュニティの回復

東日本大震災から復興をめざすなかで、住宅地が高台や内陸部の方へ移転し、地域のコミュニティがなくなってしまいました。コミュニティを回復するためには、外出をして人とつながる必要がありますが、高齢者の交通手段が少ないという課題がありました。そこで、ゆっくりと走る電気自動車「グリーンスローモビリティ（グリスロ）」を取り入れ、高齢者が気軽に外出できるように整備しました。高齢者の外出は、コミュニティの再生とともに、地域経済の活性化にもつながります。

また、地域のコミュニティのなかで自動車を共同利用し、支え合う仕組みをつくるカーシェアリングも進めています。外出支援だけでなく、住民同士で外出する企画も考え、地域を元気づけることをめざしています。

調べる課題の例

●石巻市では、復興をめざすなかでどのような課題を感じ、新たな対策を考えたのだろう。

●災害の多い日本では、防災に強い街をつくるためにどのようなことをしているだろう。

関連資料

●東日本大震災による避難指示区域の現状

 6巻58ページ（香川県三豊市粟島：グリーンスローモビリティ）

🖥 グリーンスローモビリティで支え合うまちづくり（Spaceship Earth）／東日本大震災から11年「被災地と復興の現状」（nippon.com）

日本は古くから自然災害が多く、近年も東日本大震災、熊本地震など、大きな被害をもたらす地震がおこっています。そのため、新しい仕組みを取り入れた防災に強い街づくりを進めています。また、防災は少子高齢化やエネルギー自給といったテーマともかかわり、広い視点で考えることが必要です。災害から復興していくなかで、どのような取り組みがおこなわれているかを見てみましょう。

❶石巻市
❷熊本市

🔍 身近なものの新しい活用方法から調べる

←ごみを燃料に発電している西部環境工場（熊本市）　熊本市にある二つのごみ処理施設では、ごみ処理をおこなうとともに、ごみを燃料として発電をおこなっている。施設内の電力に活用し、余った電力を近くの市の施設にも供給している。

資料のココに注目
身近に見られるごみ処理施設やバスとのちがいはなんだろう。

↑EVが導入されている熊本城観光バス「しろめぐりん」　熊本市では、観光バスの一部にEVを導入しており、災害時には避難所で電力を供給することもできる。

熊本地震の経験をいかした防災

❷熊本市（熊本県）
➡7巻32ページ

境への配慮と防災力の向上を同時に満たすことができる取り組みです。

熊本市では、2016年の熊本地震での経験をいかし、災害時でも安定して電力を供給できる手段の確保など、地域での防災力の向上を進めています。エネルギーの地産地消として、ごみ処理施設でごみを燃やす際に発電もおこない、公共施設で活用するほか、大型の蓄電池や専用の電線を設置しています。また、電気自動車（EV）の普及を進め、災害時には自動車販売店と協力してEVを避難所に派遣し電力を供給できるようにしています。環

調べる課題の例
●自分の住む地域のごみ処理施設では、出た熱を何かに活用しているだろうか。
●自分の住む地域では、災害時の電気や水道の確保はどのような方法が考えられているのだろう。
関連資料
●自分の住む地域での災害時の電力確保の方法

5巻41ページ（阪神・淡路大震災の教訓）

SDGs未来都市としての防災型地域エネルギー事業の取組について（熊本市）

🔍 被災地で進む再生可能エネルギーの研究

©産総研

東日本大震災の原発事故により、エネルギーに対する考え方が大きく変わり、再生可能エネルギーの導入が加速しました。被災した福島県でも、これまでの地熱発電や風力発電だけでなく、洋上風力発電やメガソーラー（太陽光発電）、木質バイオマス発電など、復興に向けた新しい取り組みがおこなわれています。郡山市には福島再生可能エネルギー研究所がつくられ、再生可能エネルギーの研究や開発が進められています。

福島再生可能エネルギー研究所（産総研）

↑福島再生可能エネルギー研究所　研究棟や実験棟のほか、太陽光発電設備や風力発電設備などもある。

1 調べ学習ガイド ジェンダー・外国人から「平等」を考える

🔍 都道府県のちがいから調べる

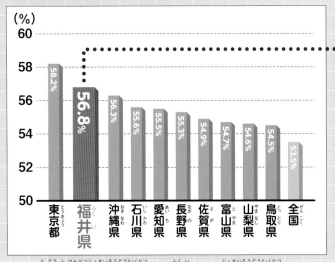

●都道府県別女性労働力率トップ10

(%)

- 東京都 58.2%
- 福井県 56.8%
- 沖縄県 56.3%
- 石川県 55.6%
- 愛知県 55.5%
- 長野県 55.3%
- 佐賀県 54.9%
- 富山県 54.7%
- 山梨県 54.6%
- 鳥取県 54.5%
- 全国 53.5%

↑（左）都道府県別女性労働力率、（右）福井県内の女性労働力率（2020年）

（令和2年国勢調査）

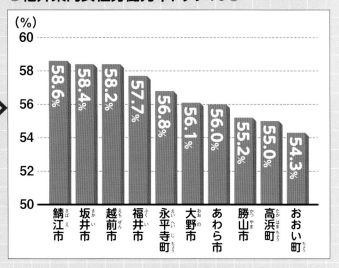

●福井県内女性労働力率トップ10

(%)

- 鯖江市 58.6%
- 坂井市 58.4%
- 越前市 58.2%
- 福井市 57.7%
- 永平寺町 56.8%
- 大野市 56.1%
- あわら市 56.0%
- 勝山市 55.2%
- 高浜町 55.0%
- おおい町 54.3%

資料のココに注目
女性の労働力率は、都道府県によってどのくらいの差があるんだろう。

女性が輝く「めがねのまち」

●鯖江市（福井県）
→4巻35ページ

　福井県では、100年以上前からめがねフレーム生産がさかんです。鯖江市・福井市を中心とする地域では、日本製めがねフレームの約95％を生産し、国内、さらには世界中に向けて届けています。

昔から女性が活躍してきた鯖江

　鯖江市は雪が多く、冬に農作業ができないため、屋内の副業としてめがねフレームづくりが始まりました。女性もめがねフレームづくりをおこなっていたことや、3世代の同居が多いことで、育児・介護問題の解決にも向き合いつづけており、鯖江市の女性は、仕事と生活を両立させる「ワーク・ライフ・バランス」を実践してきました。女性がさらに活躍し、地域を発展させていくために、活動場所の整備や女性活躍に向けた意識向上のイベントの開催、さらには国際的な女性会議での世界に向けた発信など、多くの取り組みをおこなっています。

調べる課題の例
●鯖江市で女性の活躍が進んでいる理由はなんだろう。
●女性が活躍している地域は、ほかにどのようなところがあるだろう。

関連資料
●鯖江市のめがねフレームの生産量
●自分が住む地域の気温と降水量のグラフ

 4巻32ページ（福井県：幸福度ランキング）

 女性が輝く「めがねのまちさばえ」（鯖江市）／JAPAN GLASSES FACTORY（福井・鯖江めがね 総合案内サイト）

福井市
年平均気温14.8℃
年間降水量2300mm

←福井市の気温と降水量のグラフ
　鯖江市のすぐ北にある福井市では、日本海からふく湿気の多い冷たい冬の季節風の影響で、雪の多い地域である。そのため、冬の降水量が多くなっている。福井市・鯖江市などの地域では、冬に家の中でできる地場産業が発展した。

社会のなかでつくられた性別のイメージである「ジェンダー」による不平等や、外国人であることによって不利益を受けることがあります。ジェンダーや国籍、また障がいなどのちがいによる差別を改め、だれもが自分の能力を高め、いかせる機会を平等にもてる世界をつくっていくことが大切です。各地でおこなわれる、平等な世界をつくるための取り組みを調べてみましょう。

❶鯖江市
❸大泉町
❷浜松市

🔍 全国とのちがいから調べる

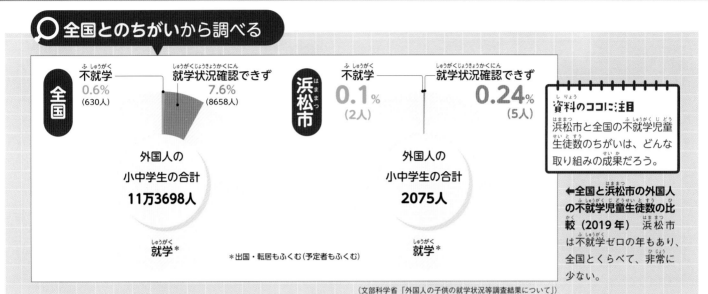

全国
不就学
0.6%
(630人)
就学状況確認できず
7.6%
(8658人)

外国人の
小中学生の合計
11万3698人

就学*

浜松市
不就学
0.1%
(2人)
就学状況確認できず
0.24%
(5人)

外国人の
小中学生の合計
2075人

就学*

*出国・転居もふくむ（予定者もふくむ）

資料のココに注目
浜松市と全国の不就学児童生徒数のちがいは、どんな取り組みの成果だろう。

←全国と浜松市の外国人の不就学児童生徒数の比較（2019年）　浜松市は不就学ゼロの年もあり、全国とくらべて、非常に少ない。

（文部科学省「外国人の子供の就学状況等調査結果について」）

外国人も平等に教育を

❷浜松市(静岡県)
➡4巻64ページ

1990年代以降、日本で働く外国人の数がふえています。いっぽう、外国人には教育を受けさせる義務がないため、学校に通えない外国籍の子どもが多く存在していました。浜松市では、2011年度から「外国人の子どもの不就学ゼロ作戦事業」を開始しました。浜松市への転入時の案内を充実させたり、日本語学習支援や母国語で最初の適応支援をおこなったりするなど、さまざまな取り組みを実施し、2013年度には不就学ゼロを達成しました。その後も、支援団体や外国人コミュニティと連携を深め、不就学率は低い水準をたもっています。

調べる課題の例
●外国籍の子どもが学校に通いにくいのはどうしてなのだろう。
●ほかにはどのような地域で外国人が多く住んでいるのだろう。
関連資料
●在日外国人登録者数の変化

6巻8ページ（全国初の手話言語条例）
💻 不就学をゼロに～外国人の子供たちの課題に取り組む浜松市（日本語ジャーナル）

🔍 日本最大のブラジルタウン:❸大泉町(群馬県)

大泉町は自動車産業をはじめとする製造業がさかんで、人手不足の解消のために、働く人を海外で募集していました。その結果、2021年の外国人の割合が住民の約20%をしめ、なかでもブラジル人がもっとも多くなっています。大泉町の役所では、ブラジルの公用語であるポルトガル語で書かれた書類や通訳を置いたり、ポルトガル語の広報誌を配って情報を提供するなど、さまざまな援助を充実させています。また異文化理解をはかるためのイベントもひんぱんにおこなわれています。

 群馬県大泉町／秩序ある多文化共生のまちづくりを目指して（全国町村会）

↑大泉町にあるブラジル系のスーパーマーケット
多くのブラジルの食材が並ぶ。

調べ学習ガイド 1 生活の「住む」「働く」の変化を考える

🔍 データの変化から調べる

●2019年の人口増減数のランキング

順位	市区町村名	人口増減数(人)
1	大阪市(大阪府)	1万5936
2	川崎市(神奈川県)	1万3839
3	福岡市(福岡県)	1万3306
4	さいたま市(埼玉県)	1万1889
5	横浜市(神奈川県)	8976
6	世田谷区(東京都)	8579
7	名古屋市(愛知県)	7277
8	品川区(東京都)	7004
9	練馬区(東京都)	7002
10	中央区(東京都)	5859

●2021年の人口増減数のランキング

順位	市区町村名	人口増減数(人)
1	さいたま市(埼玉県)	7637
2	福岡市(福岡県)	5498
3	つくば市(茨城県)	4732
4	流山市(千葉県)	4203
5	藤沢市(神奈川県)	3637
6	吹田市(大阪府)	2768
7	柏市(千葉県)	2680
8	大和市(神奈川県)	1939
9	印西市(千葉県)	1861
10	千葉市(千葉県)	1602

資料のココに注目
二つの資料をくらべて、人口がふえた市区町村にどんなちがいがあるだろう。

←人口増減数ランキング2019(コロナ前)と2021(コロナ後最新)の比較 新型コロナの影響もあり、東京都内ではなく、近くの県の市区町村への移動がふえた。

(住民基本台帳人口移動報告)

新型コロナが変化のきっかけ

地方都市への移住

新型コロナの流行により、わたしたちの生活は大きく変化しました。これまで、東京などの大都市に人びとが一極集中していた状況から変化が見られ始めています。

テレワークの定着が人口移動をおこす?

新型コロナの流行後、通勤時や会社内での3密を防ぐために、出社せずに働くテレワークを取り入れる会社がふえました。テレワークでもこれまでの業務の維持に問題がないこと、さらには家事や育児・介護などとの両立をはかりやすく、「ワーク・ライフ・バランス」が上がっているという意見も多いことから、テレワークを定着させる動きが活発になっています。

これまで、東京に人口が集中していましたが、テレワークが定着したことで、地方に住むことに魅力を感じる人びとがふえてきました。さいたま市やつくば市といった地方都市や、山や海などの豊かな自然環境のある地域への移住がふえており、各市区町村も地域の特色をいかして移住をよびかける取り組みをふやしています。

調べる課題の例

● 2019〜21年にかけて、人口増減数のランキングが大きく変わったのはどうしてだろう。
● 新型コロナによって、人びとの動きが変わったことはほかにあるだろうか。

関連資料

● 住んでいる都道府県の2019年と2021年の人口の比較
● 東京都の人口の変化

 3巻8ページ(茨城県つくば市)／3巻40ページ(千葉県流山市)

 【分析編】新型コロナで23区の住民が郊外へ!? データで見る1都3県の人口動態(日経BP総合研究所)

❷十津川村
❶美波町

　2020年から流行している新型コロナウイルス感染症によって、外国からの観光客が激減し、観光・飲食業は大きな影響を受けました。いっぽうで、テレワークとよばれる働き方が定着し、わたしたちの生活も変化しています。大きな変化に対応して、自分たちの地域に人をよびこむために、各市区町村が取り組んでいるくふうを調べてみましょう。

🔍 珍しい組み合わせから調べる

資料のココに注目
「銭湯」をそのまま利用して「オフィス」に変化させようとしたのはなぜだろう。

←銭湯をリノベ（改装）してつくられたオフィス（美波町）　浴場スペースだったところに、ライブラリーやフリー Wi-Fi スポットなどをつくり、市民に開放している。

ITを整備しテレワーク推進

❶美波町（徳島県）
➡6巻50ページ

　2000年代以降、徳島県では、ケーブルテレビや光ファイバーの整備を進め、ITの整備された県として、全国でも有数の地になりました。なかでも美波町は、早くからサテライトオフィスとよばれる地方での職場の誘致に積極的でした。IT環境が整っており、地域の古民家などを改築したオフィスは人気があり、コロナ禍でテレワークが定着するなか、さらに注目を集めています。

　都会とのテレビ会議やITを活用した仕事のようすなどを、美波町の子どもたちが目の当たりにすることは、町の子どもたちの将来の選択肢をふやすきっかけにもつながっています。

調べる課題の例
●銭湯がオフィスになっているのはなぜだろう。
●テレワークがふえたことで、住む地域はどのように変化しているだろう。

🖐 6巻53ページ（サテライトオフィスで地方再生）

💻 地方創生テレワーク（内閣府）／テレワークとは（日本テレワーク協会）

🔍 働きながら休暇？　ワーケーション：❷十津川村（奈良県）

　奈良県南端の十津川村は、村内すべての温泉浴場で本物のお湯を味わえる「源泉かけ流し」の村として有名です。新型コロナの流行で観光客がへったことから、観光地で働きながら休暇をとる「ワーケーション」に着目し、体験者を募集してSNSで発信してもらう取り組みを実施するなど、豊かな自然環境をいかした新たな村づくりを進めています。

 ワーケーション情報（日本テレワーク協会）／OKUYAMATO WORKATION

↓十津川村（奈良県）　世界遺産の「紀伊山地の霊場と参詣道」の小辺路と大峯奥駈道も通り、SDGs未来都市でもある。

身のまわりの地図を調べよう

地図は、地形や道路・建物の位置などを平面にわかりやすく表したものです。社会科の学習では地形図や土地利用図、ハザードマップ（防災マップ）など、さまざまな地図が登場します。

土地利用図

その土地が何に利用されているかを、色分けなどでしめした地図です。森林、住宅、農地、工業用地などがどのあたりに広がっているかを知ることができます。

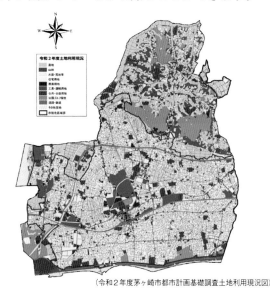

（令和2年度茅ヶ崎市都市計画基礎調査土地利用現況図）

地形図

地図記号や等高線を使って、土地の高低をくわしく表した地図です。国土地理院が発行する2万5千分の1の地形図や、5万分の1の地形図が代表的です。

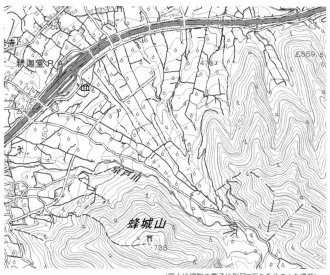

（国土地理院の電子地形図2万5千分の1を掲載）

学区域地図

各公立小学校・中学校に通うことができる地域をしめした地図です。公立小学校・中学校に入学する場合は、ふつうは自分が住む学区域の学校に入学します。

ハザードマップ（防災マップ）

都道府県や市区町村などで作成され、火山の噴火や津波などで被害が出そうな地域のほか、避難場所や避難経路などがしめされています（35ページも見よう）。

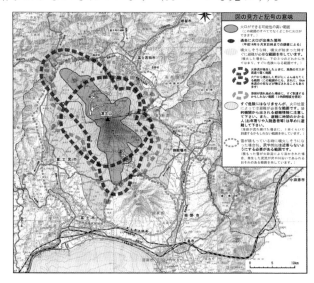

駅前の案内図

駅のまわりにどんな建物があるか、道路はどこを走っ
ているか、どんな川が流れているかなどをしめしていて、
住所ものっています。

電車の路線図

どんな路線が走っているか、どんな駅があるかをしめ
しています。目的地の駅まで行くのに、どの駅で乗りか
えればよいかもわかります。

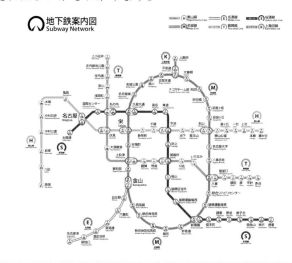

🔍 **調べてみよう**　身のまわりには、ほかにもさまざまな地図がある。さがしてみよう。その地図の目的も調べよう。

🔍 データマップには地図がたくさん!!

『日本の地理データマップ』では、地図を豊富に使って
います。都道府県・市町村の地形や交通、産業や文化など
のようすがひと目でわかります。1巻や8巻では、テーマ別
に日本全体を見わたせる地図も掲載しています。

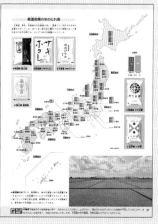

地図の見方・読み方を学ぼう

地図には東西南北の方位のしめし方や、建物や土地利用を表すのにどんな記号（地図記号）を用いるか、実際のきょりを地図上でどれだけ縮めたか（縮尺）など、一定のルールがあります。ここでは、地図を見るとき、読むときに必要なルールを確認しておきましょう。

❶ 地図上の方位

地図はふつう上が北となっています。上が北となっていない場合は、右のような方位記号でどちらが北かをしめします。方位は東西南北の4方位でしめしたり、それに北東・南東・南西・北西を加えた8方位でしめしたりします。地図を見るときは、必ずどちらが北であるかを確認するようにしましょう。

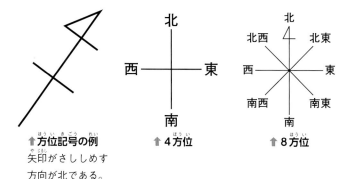

⬆方位記号の例
矢印がさししめす
方向が北である。

⬆4方位

⬆8方位

❷ 地図記号

地図記号は、建物や施設のほか、土地利用などをわかりやすい記号でしめしたものです。多くの地図記号は、その建物や土地利用などに関係あるものを図案化した記号です。

 警棒 ➡ ⊗ 警察署

📖 本を開いた形 ➡ 🏛 図書館

⛩ 鳥居 ➡ 卍 神社

⚙ 歯車 ➡ ☼ 工場

🌾 イネの切り株 ➡ ‖ 田（水田）

⬆おもな地図記号のなりたち

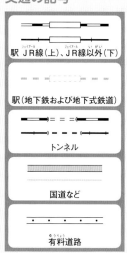
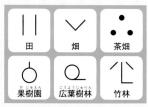

⬆おもな地図記号

🔍 地図の上が北じゃない!? 地図記号とちがうマークも!?

駅前にある案内板などの地図は、上が北になっていないことが多くあります。ふつう、その看板を見ている方向が上になるようにつくられています。必ず、どちらが北であるかをしめす方位記号があるので確認しましょう。

また、観光や仕事で日本を訪れる外国人がふえたため、一部の案内板や地図では、外国人向けの地図記号が使われています。これまでの地図記号だと、外国の人たちがそれが何を表しているかわかりにくいため、外国の人たちにもわかりやすくつくられているのです。

➡駅前の案内板　この看板では、地図の右下が北となっていることがわかる。

⬇上段がこれまでの地図記号、下段が外国人向けの地図記号

交番　病院　郵便局

❸ 調べたい範囲に合った縮尺の地図を選ぼう！

縮尺とは何か？

縮尺とは、実際のきょりを地図上に縮めた割合のことです。縮尺は右の図にあるように、ものさしのような形でしめされています。これをもとに、地図上の長さから、実際のきょりを求めることができます。

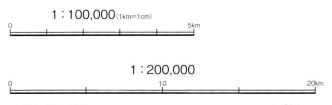

↑縮尺の例 縮尺の表し方には、さまざまなものがある。地図帳などにある縮尺も確認してみるとよい。

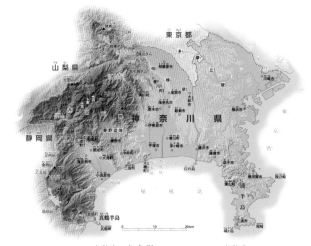

↑地図の中の縮尺 神奈川県の地図の下に縮尺がしめしてある。神奈川県の東西の長さが、およそ80kmだということがわかる。（3巻56ページの神奈川県の自然の地図）

縮尺によって地図の見え方がちがってくる？

同じ範囲をしめした地図でも、縮尺によって見え方がちがってきます。下の3つの地図で、赤い線でかこんだ範囲はどれも同じです。2万5千分の1の地形図がもっともくわしく地表のようすがわかり、5万分の1の地形図、20万分の1の地勢図になるにしたがって、地図上の細かい情報が省略されていくことがわかります。

↓20万分の1の地勢図 （国土地理院の電子地形図20万分の1を掲載）

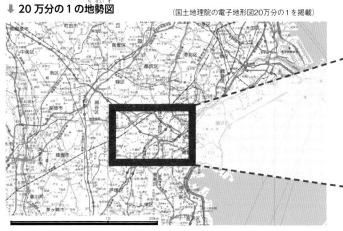

↓5万分の1の地形図 （国土地理院発行の5万分の1地形図を掲載）

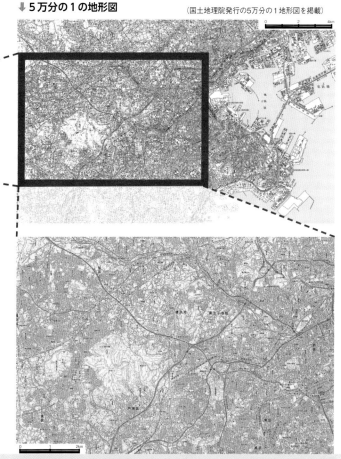

調べたい範囲と縮尺

身のまわりの地域や市区町村についてくわしく調べたいときは、縮尺の分母が小さい（縮尺が大きい）地図が適しています。いっぽう、都道府県などの広い範囲を大まかに調べたいときは、縮尺の分母が大きい（縮尺が小さい）地図が適しています。調べたい範囲や、何をどこまで知りたいかなどによって、選ぶ地図は変わってきます。

↑2万5千分の1の地形図 （国土地理院の電子地形図2万5千分の1を掲載）

調べたいことから地図を選ぼう!

地図にはいろいろな情報がのっています。調べたい内容によって、地図を選びましょう。『日本の地理データマップ』にのっている地図も、どんどん活用してください。

地形や気候について調べたい

都道府県の地形や気候について知りたいときは、『日本の地理データマップ』の各都道府県の自然ページを見ましょう。国立公園・国定公園の範囲やラムサール条約登録地、おもな天然記念物などについても調べることができます。

1巻には、日本全土の地形や気候だけでなく、自然災害についてまとめたページもあります。

調べてみよう　各都道府県のどのあたりに山脈や山地、平野や盆地などが広がっているか、調べよう。

↑3巻群馬県自然ページ

↑1巻日本の気候ページ

人口について調べたい

都道府県の中でどのあたりに人口が集中しているか、各市区町村の人口がどのくらいかを調べるときは、各都道府県の行政区分ページを見ましょう。年齢区分別の人口の割合もチェックできます。1巻では、47都道府県の人口と人口密度をひと目で確認できます。

総務省統計局のホームページで人口分布図や人口集中地区図などを見るのもよいでしょう。

調べてみよう　各都道府県の中で人口がふえている市区町村と、人口がふえた理由について調べよう。

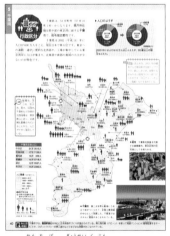

↑3巻千葉県行政区分ページ

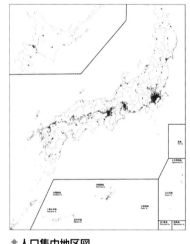

↑人口集中地区図

（総務省統計局ホームページより）

交通について調べたい

新幹線などの鉄道や高速道路がどこを走っているか、空港や港がどこにあるかを知りたいときは、各都道府県の交通ページを見ましょう。1巻では、日本全土の交通網をひと目で確認することができます。

駅にある路線図や書店で販売している道路地図なども、交通網について調べるときに役に立ちます。

調べてみよう　各都道府県の中でとくに交通網が発達しているところはどこか、調べてみよう。

↑3巻茨城県交通ページ

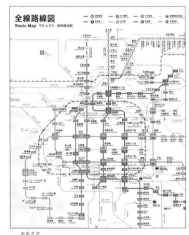

↑大阪市内の地下鉄の路線図

産業について調べたい

都道府県や市区町村でつくられている特産物や、さかんな工業について調べたいときは、各都道府県の産業ページを見ましょう。農業産出額や工業出荷額の品目別割合、おもな生産物などのグラフも豊富です。また、1巻には、産業ごとに日本全土を見わたせる統計地図やグラフをのせているので合わせて確認しましょう。

各都道府県や市区町村で作成している土地利用図なども、産業について調べるときに役に立ちます。

🔍調べてみよう　自分が住む市町村の特産物を調べよう。同じ特産物の市町村がないか、調べよう。

➡都道府県や市区町村が作成している土地利用図の例

⬆2巻北海道産業ページ

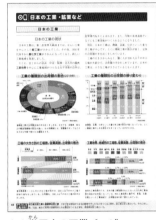

⬆1巻日本の工業ページ

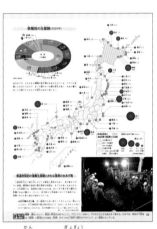

⬆1巻日本の漁業ページ

名所や祭りなど文化について調べたい

都道府県や市区町村の祭り・観光スポットなどについて調べたいときは、各都道府県の文化ページを見ましょう。重要文化財や史跡、おもな姉妹都市・友好都市、地域にゆかりのある人物、おもな郷土料理なども調べることができます。

各都道府県や市区町村、観光協会などが作成している観光マップを駅や役所などで手に入れることもできるので、合わせて活用しましょう。

🔍調べてみよう　自分が住む市区町村に、どんな祭りや観光スポットがあるか、調べよう。ほかの地域で行ってみたい場所もさがしてみよう。

⬆3巻神奈川県文化ページ

⬆各都道府県や市区町村、観光協会などが作成している観光マップの例

（提供：文京区）

自分で地図をつくってみよう!

自分が住んでいる市区町村や都道府県について調べたあとは、調べたことを地図にまとめてみましょう。みんなの前で発表するつもりで、見る人にわかりやすい地図をつくることが大切です。まずは、地図記号を使った地図をつくってみましょう。さらに、例を参考に自分にしかつくれない地図にチャレンジしてみましょう。

地図記号の地図のつくり方

ステップ1 学校のまわりを地図で表してみよう

まずは、自分の家や学校のまわりの絵地図をつくってみましょう。

❶自分の目の高さで見えるようす
学校の校門に立ち、そこから見えるようすを絵にかいてみる。前の建物（マンションと家）や畑が少し見える。おくにあるはずの神社や川は見えない。

❷学校の屋上から見えるようす
❶と同じほうを見て、見えるようすを絵にかいてみる。マンションのうらにある神社やおくを流れる川も少し見えるが、建物の間の道路は見えない。

❸真上から見たようす
❷で見えなかったものを歩いて調べて、わかったことを、真上から見たようすを表した絵地図にかいてみよう。建物のならびや、道路、川のようすもよくわかる。

ステップ2 地図記号を使って地図をかこう

上の❸をもとに、地図記号を使った地図をかいてみましょう。地図記号を使えば、土地の利用のようすやどんな建物があるか、だれが見てもわかる地図になります。

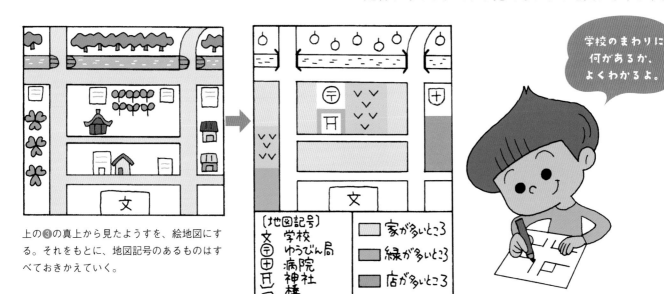

上の❸の真上から見たようすを、絵地図にする。それをもとに、地図記号のあるものはすべておきかえていく。

〔地図記号〕
文 学校
〒 ゆうびん局
⊕ 病院
卍 神社
Y 橋
v 畑
○ 果樹園

▢ 家が多いところ
▨ 緑が多いところ
▥ 店が多いところ
▢ 田んぼや畑

学校のまわりに何があるか、よくわかるよ。

オリジナルの地図をつくろう

例1 ▷ 地域の防災マップ

自分が住んでいる地域で災害がおきた場合に危険な場所を調べて、防災マップをつくってみましょう。

洪水がおきたときに危険な場所は色を変えるなどして、ほかより目立たせる。

がけくずれキケンマークや増水キケンマークなどを自分でつくって、見る人にわかりやすい工夫をする。

地震がおきたときに危険な場所も色を変えるなどして、ほかより目立たせる。

なぜ、その場所が危険なのか、どんな被害が考えられるのかについて、説明を入れる。

災害がおきたときに避難する場所や、避難するルートなども地図に書きこむ。避難場所や避難ルートは、家族で確認しておこう。

🔍 調べてみよう　●住んでいる市区町村で作成しているハザードマップなども参考にしよう。
　●1巻24〜27ページの、さまざまな自然災害の特徴や被害なども参考にしよう。

例2 ▷ 地域のじまんの史跡マップ

住んでいる地域でじまんできる名所などを調べて、観光イラストマップをつくってみましょう。

どんな史跡があるかをイラストで紹介する。その史跡のいち押しのポイントを入れよう。

いちばんたいせつなのは、楽しい地図にすることだよ!

おすすめの博物館や、資料館なども入れてみよう。

とっておきの情報も入れよう。

とくにおすすめのスポットは目立たせよう。

古くからある建物が多い場所をしめして、その地域のようすがひと目でわかるようにする。

🔍 調べてみよう　●観光名所の写真をはったりして、パンフレット風の地図もつくってみよう。
　●本書の各都道府県の文化ページを参考にして、県の観光マップをつくってみよう。

このページでは、各巻で出てきた地理的用語をくわしく解説しています。都道府県や市区町村について調べていて、わからない用語が出てきたときに参考にしましょう。地理的用語は自然、行政区分、交通、産業、文化で分けて紹介しています。

自然

火山 ……………………… 🖐 1巻26ページ

マグマが地下からふき出してできた地形。もり上がった山だけでなく、噴火で地下のマグマがぬけて地面が陥没したカルデラなども火山にふくまれる。2023年現在、全国で111の活火山が指定されている。そのうち24時間態勢で監視されている50火山を、常時観測火山という。

◯ カルデラ

火山活動によってできた直径2km以上のほぼ円形の大きなくぼ地。カルデラの中に水がたまったものをカルデラ湖、くぼ地の一部に水がたまったものを火口原湖という。カルデラ湖では屈斜路湖（北海道）、十和田湖（青森・秋田県）などが、火口原湖では芦ノ湖（神奈川県）、榛名湖（群馬県）などが有名。

◯ 溶岩流

火口から出てきたマグマが地表を流れ下ったもの。焼走り熔岩流（岩手県）、鬼押出し（群馬県）などが有名。

◯ 溶岩樹型

樹木が溶岩に巻きこまれ、焼けてしまった後に残った空洞。鳴沢熔岩樹型（山梨県）などが有名。

関東ローム層 ……………………

関東地方の丘陵や台地で広くみられる赤土の層。その大部分は富士山（静岡・山梨県）や浅間山（群馬・長野県）などの噴火で出た火山灰がつもってできている。火山灰にふくまれる鉄分が酸化したため、土の色が赤みがかって見える。

カルスト地形 ……………………

石灰岩が、二酸化炭素をふくんだ雨水にとかされてできたデコボコな地形。地下には空洞ができて、鍾乳洞となる。秋吉台（山口県）、四国カルスト（愛媛・高知県）、平尾台（福岡県）などが有名。

● カルデラ湖
● 溶岩流
● 溶岩樹型
● カルスト地形

↑溶岩流（群馬県・鬼押出し）

↓溶岩樹型（山梨県・鳴沢）

↑カルデラ湖（北海道・屈斜路湖）

↓カルスト地形（山口県・秋吉台）

● 屈斜路湖 北海道
● 支笏湖
● 摩周湖
青森県
● 十和田湖
秋田県
岩手県 ● 焼走り熔岩流
● 鬼押出し
群馬県
秋吉台 ● 鳴沢熔岩樹型
平尾台 山梨県
山口県 神奈川県
福岡県 愛媛県
四国カルスト
芦ノ湖
鹿児島県
池田湖

↑おもなカルデラ湖、溶岩流、溶岩樹型、カルスト地形

↑フォッサマグナパークの断層露頭　断層を境に左側は西日本の地質、右側は東日本の地質。

フォッサマグナ・・・・・・・・・・・・・・・・・・・・🖐 1巻16ページ

「大きな溝」という意味のラテン語で、本州の中央部を南北に横ぎる、地下深くに埋もれた巨大な帯状の地域をさす。ここを境目に東日本と西日本では地質が変わる。糸魚川ジオパーク（新潟県）のフォッサマグナパークでは、フォッサマグナの西のはしにあたる糸魚川―静岡構造線という大断層を観察することができる。

中央構造線・・・・・・・・・・・・・・・・・・・・・・・・・・・・・・・・

九州から四国を通り、諏訪湖（長野県）を経て、関東までのびているおよそ1000kmもの長い断層（大地の中のずれ目）。諏訪湖で糸魚川―静岡構造線と交わっている。断層を境に両側で異なる地質が接しており、境界線になっている。およそ１億年前、日本がまだアジア大陸の一部だった時代に誕生した。

南アルプスぞいの中央構造線は、長野県伊那市や大鹿村などで、その地形と断層露頭（断層が地表に出ている場所）がはっきりと観察できる。大鹿村には中央構造線博物館がある。

干拓・うめ立て・・・・・・・・・・・・・・・・・・・・・・・・・・・・・・

○干拓

浅い海や湖沼、河口などを堤防でしめきって、水をぬいて農地にすること。八郎潟（秋田県）、児島湾（岡山県）、諫早湾（長崎県）が有名。

○うめ立て

海や湖、河川などに、土砂などを運び入れて陸地にすること。東京・大阪・名古屋（愛知県）・北九州（福岡県）などの大都市に多く、臨海工業地域がつくられている。

↑おもな地方特有の風

汽水湖・・

海水が入りこんで塩分をふくんでいる湖。たいていは海とつながっている。しじみやわかさぎなどが生息し、漁場となっているところも多い。サロマ湖（北海道）、浜名湖（静岡県）、宍道湖（島根県）などが有名。

からっ風・・・・・・・・・・・・・・・・・・・・・・・・・・・・・・・・・・・・・・・

冬に、おもに関東地方にふく北西の冷たく乾燥した風。日本海側から山脈をこえてふき下りることから「おろし」ともよばれる。筑波おろし（茨城県）、那須おろし（栃木県）、赤城おろし（群馬県）、伊吹おろし（岐阜・愛知県）、六甲おろし（兵庫県）などがよく知られている。とくに群馬県のものは有名で「上州名物からっ風」といわれる。

防風林・・

農地や家屋などを、暴風や季節風から守るためにもうけられた森林。屋敷のまわりに植えられたものは屋敷林といい、イグネ（宮城県）、かしぐね（群馬県）、カイニョ（富山県）、築地松（島根県）など、地域ごとにさまざまなよび名がある。

🔍調べてみよう　からっ風や屋敷林の名前にどんなものがあるかを調べてみよう！

いろいろな地形

ここでは、日本で見られるさまざまな地形をひと目で見られるように
まとめました。写真といっしょに見ると、より理解が深まります。

↑サンゴ サンゴはイソギンチャクの仲間の
動物で、かたい石灰質の殻をもっている。こ
のサンゴが無数に集まってできた石灰岩の地
形がサンゴ礁だ。近年、地球温暖化などの影
響でサンゴが死滅する白化現象が問題になっ
ている。写真は沖縄のサンゴ礁の海。

火山
地下深くのマグマが地上に
出てつくられた地形

せきとめ湖
火山の溶岩流や火砕流、山
くずれや地すべりで流れた
土砂などによって、川がせ
きとめられてできた湖

火口湖
火山の火口に水が
たまってできた湖

盆地
まわりを高地に
かこまれた平地

シラス台地
火山灰がつもっ
てできた台地

丘陵
平野より少し高く、
ゆるやかな斜面と
谷のある土地

扇状地
川が山から平地に出る
谷口に土砂がおうぎ型
にたまってできた土地

砂丘
砂が風に運ばれてつもった丘

河岸段丘
川にそってできた階段状の土
地。土地のもり上がりなどに
よって、流れる水のはたらき
が強まり、川底が深くけずら
れることがくりかえされてで
きる

砂浜海岸
砂浜でできたなだらかな海岸

干潟
潮が引くとあらわれ
る遠浅の低地。川か
ら流れ出た砂や泥が
つもってできる

砂嘴
湾に砂や石がつも
って、海へくちば
しのようにつき出
した長い州

サンゴ礁
サンゴが無数に集ま
ってできた石灰岩の
かたまり

↑リアス海岸 川の浸食で多くの谷がきざまれた山地が海にしずんでできた海岸で、複雑な海岸線が特徴。漁港が多くおかれ、写真の三陸海岸のように観光地になっているところもある。

（九州地方環境事務所）

↑シラス台地 軽石や火山灰などの火山噴出物がつもってできた台地。鹿児島県から宮崎県にかけて広がっている。水もちが悪いため稲作には向かず、さつまいもや茶などの栽培がさかん。

↑砂州 湾の入り口や岬からのびる砂嘴が発達し、対岸や陸地とつながった地形。海岸ぞいの海の流れが運んできた土砂などがつもってできる。京都府の天橋立が有名。

台地
まわりの土地よりも高くなっている平らな土地

高原
山地の中の平らな土地

高地
起伏のゆるやかな山地

山脈
多くの山々が長くつらなっているところ

リアス海岸
山地がしずんでできた、せまくて深い入り江がのこぎりの歯のように続く海岸

三角州
川の河口に土砂がつもってできた三角形の低地

人工海岸
うめ立てなどで人工的につくられた海岸

岩石海岸
山地や台地が海にせまった、岩石でできた海岸。いそ浜ともいう

海岸段丘
海岸にそった土地がもり上がったり、海面が下がったりして、階段状になった地形

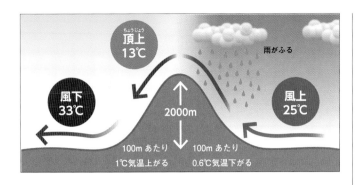

頂上
13℃

雨がふる

風下
33℃

風上
25℃

2000m

100m あたり
1℃気温上がる

100m あたり
0.6℃気温下がる

フェーン現象

水蒸気をふくむ空気が山をこえるときに雨をふらせ、高温のかわいた風となって平地へふき下りることによって、気温が上昇する現象。5月から9月にかけて、北陸地方で起こりやすい。この乾燥した強い風によって火が燃え広がり、山火事や大火になることもある。

天然記念物

学術的な価値が高く、保護すべきものとして国が指定した動物・植物・鉱物・地形・地質などの自然物と、それらのある地域。このうち、とくに価値が高いものは特別天然記念物に指定される。2023年2月現在、天然記念物は1038件、特別天然記念物は75件。このほか、都道府県や市区町村が指定する天然記念物もある。

ジオパーク 1巻20ページ

貴重な地形・地質を中心に、地域がまるごと博物館になっている公園。たとえば島原半島ジオパーク（長崎県）なら、雲仙普賢岳の噴火のあとを観察できるほか、火山活動でできた温泉を楽しめる。2023年2月現在、日本では46地域が日本ジオパークに認定され、そのうち9地域がユネスコ世界ジオパークに認定されている。

ユネスコエコパーク 1巻20ページ

自然と人間の共生をめざすユネスコの事業。「生物圏保存地域」ともいい、貴重な生態系を守るとともに、自然を持続可能な形で利用しつつ、地域の発展をはかる取り組み。2023年2月現在、日本では南アルプス（山梨・長野・静岡県）など10地域が登録されている。

ラムサール条約 1巻19ページ

水辺の生態系、とくに水鳥の生息地として国際的に重要な湿地を保全するための条約。1971年に制定された。

日本では、水鳥やタンチョウが生息する釧路湿原（北海道）や、貴重な植物がみられる尾瀬（福島・群馬・新潟県）など、2023年2月現在で53か所が登録されている。

自然環境保全地域 1巻21ページ

貴重な自然環境を守るために国や都道府県が指定した地域。できるだけ人の手が入らないよう、立ち入りが制限される。2023年2月現在、白神山地（青森・秋田県）や屋久島（鹿児島県）など全国の565地域が指定されている。

エコツーリズム

自然環境や歴史・文化など、地域固有の魅力を観光客に伝えることで、その価値や大切さが理解され、保全につながっていくことをめざす考え方。これにもとづいておこなわれるのがエコツアーで、動植物の観察や山歩きといった体験型の観光が目玉になっている。世界自然遺産の知床（北海道）など、全国各地でおこなわれている。

SDGs未来都市 1巻30ページ

SDGsの達成に向けた取り組みを積極的におこなっている市町村を募集し、経済・社会・環境の3つの観点ですぐれた市町村を、国は「SDGs未来都市」として選定している。そのなかでもとくにすぐれているものを「自治体SDGsモデル事業」として支援し、成功事例を発信することで、全国に広めることをめざしている。2023年2月現在、154の市町村と道府県が指定されている。

地球環境問題 1巻32ページ

環境問題のうち、問題の発生や被害が国をこえて広がり、地球規模になっているものをいう。

●地球温暖化

二酸化炭素やメタンなどの温室効果ガスがふえることによって、地球全体の気温が上がること。海面の上昇や異常気象、生態系への影響が心配されている。

●酸性雨

人間の活動で出た二酸化硫黄などの物質がとけこんで、強い酸性になった雨。動植物や建物に被害をおよぼす。

●熱帯林の減少

農地拡大などのために伐採が進み、熱帯林がへっている。これにより森林が吸収する二酸化炭素の量がへり、

地球温暖化が進むなどの影響が心配されている。

○砂漠化

気候変動や人間の活動によって土地があれはて、乾燥して植物がほとんど生えない砂漠になってしまうこと。

○PM2.5

工場や自動車から排気される粉じんなどのうち、2.5マイクロメートル（1000分の1mm以下）の小さな粒子。肺などの病気をひきおこす原因物質となる。

災害 ‥‥‥‥‥‥‥‥‥‥‥‥‥‥ 1巻24ページ

自然現象などによって、人命や財産に被害が生じること。ふつう自然災害（天災）をさすが、人間がおこした事故や事件（人災）をふくむこともある。感染症の流行も災害の一つとされている。

○自然災害

異常な自然現象によっておこる災害。台風や豪雨、豪雪などによる気象災害、地震や火山噴火、山くずれなどによる地形災害などに分けられる。最近は、短時間に多量の雨が降るゲリラ豪雨で地下鉄が浸水するなどの都市型水害も多くみられる。

○人為的災害

大規模な交通事故、列車事故、航空事故、海難事故、火災など。爆発事故や原子力事故もふくまれる。

土砂災害 ‥‥‥‥‥‥‥‥‥‥‥‥ 1巻25ページ

大雨や地震によって、土砂が動いておきる災害。崖くずれは、急な斜面が突然くずれ落ちることで、土砂くずれともいう。地すべりは、わりあいゆるやかな斜面が広い範囲にわたってゆっくり動くこと。土石流は、大量の土砂が水とともに、一気に谷を流れ下ること。

ハザードマップ ‥‥‥‥‥‥‥‥ 8巻22ページ

災害予測地図。自然災害について、その被害の出る範囲や被害の程度を予測して地図に表したもの。避難の道すじや、避難場所となる防災公園・広域避難場所などもしめされている。地震、洪水、土砂災害、火山噴火などに対応したものが全国各地でつくられている。

(調)べてみよう　地域のハザードマップで、どんな災害がおこりやすいか、調べてみよう！

↑豪雨災害　2019年8月、記録的大雨となった九州北部では、各地で河川の氾濫や、町の中心部が冠水するなどの被害が発生した。写真は佐賀県大町町の浸水被害のようす。
（九州地方整備局photoアーカイブス）

冷害・干害 ‥‥‥‥‥‥‥‥‥‥‥‥‥‥‥‥‥‥‥

○冷害

夏に気温が上がらず、イネなどの農作物がよく育たなくなること。とくに被害を受けやすいのは東北地方の太平洋側で、やませが原因で冷害となることも多い。

○干害

長期間雨がふらず、水が不足して農作物が枯れたりすること。梅雨の時期に雨がふらないと大きな被害が出る。

やませ ‥‥‥‥‥‥‥‥‥‥‥‥‥‥‥‥‥‥‥‥‥

6月〜8月ごろ、おもに東北地方の太平洋側でふく北東の風。オホーツク海高気圧がもたらす冷たくしめった風で、長期間つづくと冷害をひきおこし、イネなどの作物に大きな被害をあたえることがある。

新型コロナウイルス感染症 ‥‥‥‥‥‥‥‥‥‥‥‥

新型コロナウイルスは、2019年末に新たに発見されたウイルスで、全世界に広まり、大きな影響をあたえた。

日本でも大流行し、重大な状況に対応するために、医療関係者や、国民に向かって協力をよびかける「緊急事態宣言」が出され、外出自粛や店の営業時間の短縮など、さまざまな制限がかかった。また、学校の休校やオンライン授業の導入、自宅で仕事をおこなうテレワークの推進など、生活が大きく変化するきっかけとなった。

一度流行がおさまっても、新たな変異ウイルスによって、流行が何度もくり返されたが、ワクチンの普及や治療薬の開発などで重症化がおさえられるようになってきた。そのため2023年には、国の感染症対策の基本的な方針が大きく変更され、季節性インフルエンザと同程度の危険性のある感染症に位置づけられることになった。

2019年12月	世界ではじめて感染者確認
2020年 1月	国内ではじめて感染者確認
2月	WHO、新型コロナウイルス感染症の正式名称を「COVID-19」とすると発表
3月	WHO、世界的流行(パンデミック)を表明 東京2020オリンピックの延期を決定
4月	7都府県に初の緊急事態宣言 (後に全国に拡大) 【第1波】
7月	国内の死者が1000人をこえる 【第2波】
9月	世界の死者が100万人をこえる
12月	イギリスでワクチン接種始まる(世界初)
2021年 1月	7日に1都3県、13日に2府5県に 2度目の緊急事態宣言 世界の累計感染者が1億人をこえる 【第3波】
2月	国内でワクチン接種始まる
4月	国内で初のデルタ株の感染者確認 3府県にまん延防止等重点措置 3回目の緊急事態宣言 国内の死者が1万人をこえる 【第3波】
7月	4回目の緊急事態宣言 東京2020オリンピックが開幕 【第5波】
8月	東京2020パラリンピックが開幕
9月	世界の死者が100万人をこえる
11月	世界の死者が500万人をこえる 国内で初のオミクロン株の感染者確認
2022年 1月	2回目のまん延防止等重点措置 【第6波】
2月	国内の1日あたりの感染者が 10万人をこえる
4月	世界の累計感染者が5億人をこえる
5月	国内の死者が3万人をこえる
7月	国内の累計感染者が1000万人をこえる 国内の1日あたりの感染者が 20万人をこえる 【第7波】
9月	国内の累計感染者が2000万人をこえる オミクロン株に対応したワクチン接種始まる

↑新型コロナウイルス感染症の経過

行政区分

過密・過疎

　都市部において、人口や産業が集中しすぎている状態を過密といい、住宅の不足や交通の混雑などの問題が生じる。いっぽう、農村や山村で、若い人が土地をはなれ、人口がへりすぎてしまった状態を過疎といい、学校や病院を維持することもむずかしくなっている。

限界集落

　65歳以上のお年寄りが半数をこえた地域。過疎化と高齢化が進んだ地域では、農作業や葬式をおこなうことさえ困難になっている。現在、このような集落を再生するための試みが進められている(→4巻40ページを見よう)。

調べてみよう　地域再生の取り組みがおこなわれているところがないか、調べてみよう!

少子化・高齢化 ……………… 🖐1巻10ページ

●少子化

　出生率が低下し、子どもの数が減少すること。女性の晩婚化や教育費の増大などが大きな原因といわれ、国や市町村が子育て支援などの対策に取り組んでいる。

●高齢化

　総人口にしめる65歳以上の高齢者の割合が高くなること。少子化とあわせて先進国に多くみられ、医療や福祉の分野で深刻な影響が出ることが心配されている。日本の高齢化率は28.9%(2021年10月)で、世界一高い。

政令指定都市・地方中枢都市・中核市 ……… 🖐1巻13ページ

●政令指定都市

　人口50万人以上で、特別に政令で指定された市。ふつうの市とちがい、道府県の仕事の一部をゆずり受け、区を設けることができる。2023年現在、全国に20市ある。

●地方中枢都市

　各地方の中心的な都市で、国の官庁の出先機関や大企業の支社などが集まっている。札幌市(北海道)・仙台市(宮城県)・広島市・福岡市が代表的。

◉中核市

政令で指定された、人口20万人以上の都市。政令指定都市よりは小さいが、ふつうは都道府県がおこなう保健衛生や都市計画などの仕事をゆずり受けている。2023年2月現在、全国に62市ある。

都心・副都心・新都心

◉都心

大都市の政治・経済の中心部。官庁、会社や銀行、商店などが集中し、交通機関も発達している。

◉副都心

都心に次ぐ機能をもつ地区。郊外にのびる鉄道のターミナル駅を中心に、繁華街となっているところが多い。

◉新都心

郊外で新たに開発をおこない都心がつくられたところ。さいたま新都心・幕張新都心（千葉県）・横浜みなとみらい21（神奈川県）などが新都心にあたる。

ニュータウン

大都市圏の住宅不足を解消するために、郊外に計画的につくられた大型の団地。東京都の多摩ニュータウンや、大阪府の千里ニュータウンが代表的なもの。

●城下町
●宿場町
●門前町

弘前　青森県
長野
松本
妻籠宿
大内宿
津和野　金沢　石川県　福島県
萩　草津宿　長野県　栃木県　日光
滋賀県　成田
京都府　三重県　東京都　浅草
島根県　広島県　千葉県
山口県　香川県
福岡県　大分県
伊勢　馬籠宿
関宿
琴平　宮島　宇治
宇佐
太宰府

↑おもな城下町・宿場町・門前町

↑妻籠宿（長野県南木曽町）

ベッドタウン

大都市の郊外に開けた住宅地。ほとんどの住民が大都市に通勤し、夜だけ帰ってくるためにこうよばれる。

城下町・宿場町・門前町

◉城下町

戦国時代から江戸時代に、大名の城を中心に発達した町。武家屋敷や商人町、職人町などからなる。今の日本の大都市には、もとは城下町だったところが多い。

◉宿場町

江戸時代に、五街道（→38ページを見よう）などの大きな街道ぞいなどで、宿屋を中心に発達した町。大名の参勤交代や経済の発達で栄えていたが、明治時代の鉄道開通によりおとろえた。

◉門前町

室町時代ごろから、有名な神社や寺院の門前に発達した町。土産物店や飲食店、旅館などがならぶ。善光寺のある長野市、伊勢神宮のある三重県伊勢市、浅草寺のある東京都台東区浅草などが有名。

🚚 交通

ターミナル駅

いくつもの鉄道路線が発着する駅。バスの路線も集まっており、地域の交通の中心となっている。駅ビルがつくられ、まわりが繁華街となっているところが多い。

第三セクター

国や都道府県、市町村と、民間の会社が共同でつくる半官半民の組織。公共の事業に、民間の効率性をとりいれることが目的。交通では、採算がとれない地方の鉄道路線を第三セクターが引きついだり、空港のターミナルビルを第三セクターが運営したりするケースがみられる。

道の駅

一般道路に設けられた休憩施設。地域の情報が得られたり、特産品を購入したりできるなど、地域とふれ合うことのできる場にもなっている。「休憩機能」と「情報発信機能」、そして「道の駅」をきっかけに、まちどうしが連携をおこなうことができるようにするための「地

域連携機能」の３つをそなえている。市町村などが設置し、国土交通省での登録が必要。2022 年 8 月現在、全国で 1198 駅が登録されている。

本州四国連絡橋

本州と四国をむすぶ橋。神戸—鳴門、児島—坂出、尾道—今治の三つのルートがある。児島—坂出ルートは鉄道と自動車用、ほかの二つは自動車用だ。尾道—今治ルートは自転車で走ることもできる。

↑本州四国連絡橋の３ルート

五街道

江戸時代の主要交通路。東海道、中山道、甲州街道、日光街道、奥州街道をさし、いずれも江戸（東京）の日本橋を起点としている。おもに参勤交代などで使われた。

港の種類 …………………………… 👆 1巻 65 ページ

●重要港湾

海上輸送網の拠点となり、日本の経済をささえるために重要な港湾。2023 年 2 月現在、全国に 102 港ある。

●国際戦略港湾

重要港湾のうち、国内外の貨物輸送の拠点として、もっとも高い機能を備え、国際競争力の強化を重点的にはかる必要がある港湾。2023 年現在、東京港、横浜港・川崎港（神奈川県）、大阪港、神戸港（兵庫県）の 5 港。

●国際拠点港湾

国際戦略港湾以外で、国際海上貨物輸送網の拠点となる港湾。2023 年現在、全国に 18 港ある。

専用船

決まった種類の貨物を大量に運ぶための船。石油などの液体貨物を運ぶタンカー、貨物をつめたコンテナを運ぶコンテナ船、自動車を運ぶ自動車専用船などがある。

◀タンカー ふつう石油タンカーをタンカーとよぶことが多いため、液化天然ガスを輸送する船は LNG タンカー、化学物質を輸送する船はケミカルタンカーなどと区別してよばれる。

◀コンテナ船 コンテナとよばれる金属製 の箱に、食料品や日用品など、生活に必要なものを入れて運ぶ。貨物の大きさや形がそろうので運びやすい。

◀コンテナの積み下ろしをするガントリークレーン
コンテナ船が着く岸壁にある巨大なガントリークレーンは、レールの上を横に移動しながら、すばやくコンテナの積み下ろしをする。

空港の種類 …………………………… 👆 1巻 64 ページ

●拠点空港

国内外の航空輸送網の拠点となる空港。2023 年 2 月現在、東京国際空港（羽田空港）、成田国際空港（千葉県）、中部国際空港（愛知県）、関西国際空港（大阪府）など、全国で 28 の空港が指定されている。

●地方管理空港

国内外の航空輸送網において重要な空港で、県や市などが設置・管理する。2023 年現在、全国に 54 空港ある。

●ハブ空港

さまざまな地域からの航空路線が集まり、人や貨物の乗りかえや積みかえのできる空港。ハブとは自転車の車輪の軸のことで、ここからスポークがのびているように放射状に路線が展開していることから名づけられた。日本では、成田国際空港（千葉県）と関西国際空港（大阪府）がこれにあたる。

LCC（格安航空会社）

格安の運賃で航空機を運航する航空会社。ローコストキャリア (Low Cost Carrier) の略。機内サービスや手荷物預かりを有料化したり、発着料の安い中小空港を利用したりしてコストをおさえ、低運賃を実現している。

日本には 2023 年 2 月現在、Peach Aviation、ジェットスター・ジャパンなど 4 社がある。

民営化

国や市町村などがおこなっていた事業を、民間の会社に移すこと。交通では、1987（昭和 62）年に国鉄（日本国有鉄道）が JR 7 社に分割・民営化された。2018年 4 月には大阪市交通局の地下鉄、バス事業が民営化された。

空港の民営化も進んでいる。2016 年には関西国際空港（大阪府）や仙台国際空港（宮城県）などが民営化された。さらに、2018 年には高松空港（香川県）と神戸空港（兵庫県）、2019 年には福岡空港（福岡県）や静岡空港（静岡県）など、2020 年には新千歳空港をはじめとする北海道の 7 空港や熊本空港（熊本県）、2021 年には広島空港（広島県）などが民営化されている。

⚙️🅰️ 産業

第1次・第2次・第3次産業

農業・牧畜業・林業・水産業などのもっとも基礎的な産業を第 1 次産業、工業・建設業などの原料を加工する産業を第 2 次産業、商業・運輸通信業・金融保険業・公務などのサービス業を第 3 次産業という。日本では現在、第 3 次産業で働く人の割合がもっとも高い。

第6次産業

農林水産業（第 1 次産業）で働く人が、自分で生産したものを加工し（第 2 次産業）、販売（第 3 次産業）まで手がけること。これによって生産物の価値が上がり、農山漁村が豊かになることが期待されている。

🔍調べてみよう　地域の第 6 次産業にどんなものがあるか、調べてみよう！

近郊農業

都市の近郊でおこなわれる農業。大消費地の都市に近いことから、高級な生鮮野菜、運搬でいたみやすい野菜、草花類、植木、観葉鉢物などが有利な作物としてつくられる。

⬆️道の駅の直売所（長野県佐久市）　地元の農家がつくった野菜などの農産物や、農産加工品（6 次産業化商品）などは、道の駅の直売所や高速道路のサービスエリアなどでの販売がさかんになっている。

水田単作地帯 ⋯⋯⋯⋯⋯⋯⋯⋯ 🎵1巻 35 ページ

一年に一度、稲作だけをおこなう地帯。かんがいや水はけの問題、寒さや降雪などによって、裏作をおこなうことがむずかしい北陸や東北地方の日本海側などは、水田単作地帯がほとんどだ。

品種改良

作物や家畜などの遺伝的性質を改良し、さらにすぐれた品種をつくること。とくにイネの品種改良は、明治時代以後、農業試験場などでさかんに進められ、早く実るもの、病気に強いもの、害虫に強いもの、冷害に強いもの、さらには味のよいものなど、すぐれた性質をもった品種がつくられてきた。

二毛作・裏作・二期作

同じ耕地で、時期をずらして一年間に 2 種類の作物を栽培することを二毛作という。初夏から秋に稲作をして、次の作付までの期間に麦をつくるといったものがある。この場合、おもな作物であるイネを表作、麦を裏作という。同じ耕地で、同じ作物を一年に 2 回つくる場合は二期作という。

促成栽培・抑制栽培
●促成栽培

収穫・出荷の時期を早めるため、ビニールハウスや温室を使って作物をつくる方法。他の産地のものがまだ出回らない時期に出荷するため、より高い値段で売れる。

●抑制栽培

収穫・出荷の時期をおくらせる栽培方法。すずしい高地で育てる高原野菜や、夜に電灯をあてて花の咲く時期をおくらせる電照ぎくなどがある。これも他の産地と出荷時期をずらして作物を高く売るための工夫だ。

施設園芸農業・露地栽培

●施設園芸農業

温室やビニールハウスなどの施設を使い、人工的に環境をコントロールして作物をつくる農業。ふつうに栽培するよりもお金や手間がかかるが、旬でない時期にも作物を出荷できるので、もうけも大きい。

47 都道府県のおもな伝統野菜

北海道地方
北海道：八列トウモロコシ

東北地方
青森：糠塚きゅうり
岩手：二子さといも
宮城：仙台長なす
秋田：秋田ふき
山形：雪菜
福島：会津小菊かぼちゃ

関東地方
茨城：赤ねぎ
栃木：大長夕顔
群馬：下仁田ねぎ
埼玉：川越いも
千葉：大浦ごぼう
東京：練馬だいこん
神奈川：三浦だいこん

中部地方
新潟：長岡巾着なす
富山：どっこ
石川：加賀れんこん
福井：河内赤かぶ
山梨：おちあいいも
長野：開田かぶ
岐阜：桑の木豆
静岡：水掛菜
愛知：守口だいこん
三重：伊勢いも

近畿地方
滋賀：万木かぶ
京都：聖護院だいこん
大阪：天王寺かぶら
奈良：大和まな
和歌山：和歌山ダイコン
兵庫：武庫一寸そらまめ

中国地方
鳥取：伯州ねぎ
島根：津田かぶ
岡山：衣川なす
広島：広島菜
山口：とっくり大根

四国地方
徳島：美馬太きゅうり
香川：さぬき長さや
愛媛：伊予ひかぶ
高知：十市なす

九州・沖縄地方
福岡：かつお菜
佐賀：相知高菜
長崎：長崎赤かぶ
大分：宗麟かぼちゃ
熊本：春日ぼうぶら
宮崎：佐土原ナス
鹿児島：桜島だいこん
沖縄：島にんじん

●露地栽培

屋外のふつうの畑で作物をつくること。温室などで栽培されたものよりも味や栄養が豊かだといわれる。

伝統野菜（在来野菜）

その地域で古くから栽培されている野菜で、地域の食文化をになってきた。函館赤かぶや秋田ふきのように地域の名前がついているものが多い。最近、その価値が見なおされ、地域おこしなどに役立てられている。

（調）べてみよう　地域の伝統野菜にどんなものがあるかを調べてみよう！

工芸農作物（工芸作物）

工業の原料になる作物で、収穫後に加工して利用される。茶、油をとるなたね・ごま・オリーブ、せんいをとる綿・麻などのほか、さとうの原料であるさとうきび・てんさい、こんにゃくの原料のこんにゃくいも、たたみの材料になるい草などがある。

地産地消

地元でとれた農林水産物を地元で消費すること。流通にかかる時間や費用が少なくてすむため、新鮮な産物を安く手に入れられるメリットがある。また、地域の食文化を知り、受けつぐことにもつながると期待されている。学校給食に地元の食材を取り入れたり、農家が直売所で野菜を販売したりする動きが広がっている。

ブランド化

地域特産の農林水産物やその加工品について、ほかとはちがう個性を強く打ち出すことによって、消費者からの評価を高め、売り上げをのばそうという取り組み。近年では、農林水産物のブランド化によって地域のイメージアップをはかり、地域おこしにつなげようという試みも多い。

●GI制度（地理的表示保護制度）

ブランド農産物には「夕張メロン」「但馬牛」のように生産地の地名がついているものが多い。このような地理的表示を不正に使われないように、一定の品質を満たすものだけに「GIマーク」をつけることを認める国の制度。2023年2月現在、全国で121品目が登録されている。

↑米沢牛（山形県）

↑鳥取砂丘らっきょう
（鳥取県）

↓大分かぼす（大分県）

↑GI制度に登録されているおもな農林水産物

夕張メロン
十勝川西長いも
北海道

大館とんぶり

琉球もろみ酢ー沖縄県

加賀丸いも
能登志賀ころ柿

吉川ナス
上庄さといも

あおもりカシス
東根さくらんぼ
米沢牛

十三湖産大和しじみ
青森県

前沢牛

万願寺甘とう

秋田県

岩手県

くろさき茶豆
富山干柿

みやぎサーモン

但馬牛・神戸ビーフ

山形県
宮城県

南郷トマト

鳥取砂丘らっきょう
連島ごぼう

新潟県

新里ねぎ
福島県

豊島タチウオ
三瓶そば

江戸崎かぼちゃ
飯沼栗

下関ふく
八女伝統本玉露
美東ごぼう

石川県

長野県
栃木県

茨城県

市田柿・すんき

富山県

福井県

山梨県

対州そば
長崎県

女山大根

島根県
岡山県

鳥取県
京都府
兵庫県

三重県

あけぼの大豆

静岡県

愛知県

三島馬鈴薯
田子の浦しらす

広島県
山口県

奈良県

福岡県
佐賀県
愛媛県
大分県

徳島県

和歌山県

豊橋なんぶとうがん

特産松阪牛

熊本県
くまもと県産い草畳表

宮崎県

伊予生糸

三輪素麺

紀州金山寺味噌

鹿児島県

大分かぼす

木頭ゆず

鹿児島の壺造り黒酢

宮崎牛

くにさき七島藺表

調べてみよう GI制度に登録をめざしているものに、どんなものがあるかを調べてみよう！

酪農・・・・・・・・・・・・・・・・・・・・・・・ 1巻40ページ

乳牛を飼育して牛乳を生産したり、加工してバターやチーズをつくったりする農業。「酪」は乳製品の意味。北海道の根釧台地や、岩手県の北上高地をはじめ、各地の山地・山ろくなどでおこなわれている。

とる漁業・・・・・・・・・・・・・・・・・・・・ 1巻42ページ

●**沿岸漁業**

おもに日帰りできる沿岸で、10トン未満の小型漁船でおこなう漁業。たい・しらす・はたはた・あわび・あさりなどをとる。個人や家族でおこなうことが多い。

●**沖合漁業（近海漁業）**

沖合の日本近海で操業する漁業。20〜150トンの中型漁船で、数日間かけておこなうことが多い。いか・さば・あじ・いわし・さんま・かつお・まぐろなどをとる。

●**遠洋漁業**

1か月から1年の長期にわたり、公海（どの国にも属さない海）や他国の沿岸で、大型漁船を使っておこなう漁業。まぐろ・かつお・さけ・ます・ずわいがになどをとる。

育てる漁業・・・・・・・・・・・・・・・・・・・・・・・・・・・

●**養殖漁業**

魚・貝・海藻などを人工的に育ててふやす漁業。

●**栽培漁業**

人工的にふ化させたり、漁でとったりした稚魚や稚貝をあるていどまで育てて海に放し、成長させてとる漁業。

調べてみよう 地域でどんな育てる漁業に取り組んでいるか調べてみよう！

潮目（潮境）・・・・・・・・・・・・・・・・・・・・・・・・・・・

二つの海流が出あうところ。海流がぶつかることで、栄養分に富んだ深海の海水がわき上がり、魚のえさとなるプランクトンが豊富に育つため、よい漁場になる。

重化学工業・軽工業・・・・・・・・・・・・・ 1巻44ページ

重化学工業とは、重工業と化学工業をまとめてよぶ言葉。鉄鋼や機械といった重いものを生産するのが重工業で、プラスチックや薬品など、化学反応を利用した製品

をつくるのを化学工業という。これに対して、食品やせんいなど、わりあい軽いものを生産する工業を軽工業という。

太平洋ベルト 1巻45ページ

四大工業地帯である京浜・中京・阪神・北九州をはじめ、その間にある東海・瀬戸内などの工業地域をふくめた太平洋岸のベルト状の地域。人口密度が高く、交通網の整備が進んでいる。

コンビナート

できるだけ効率的に生産をおこなうため、関係する会社や工場が1か所に集まったもの。ロシア語で「結合」を意味する。川崎（神奈川県）や四日市（三重県）の臨海部にある石油化学コンビナートがよく知られている。

↑四日市コンビナート

地場産業

その地域でとれる材料や、伝統的につちかわれた技術をいかして特産品をつくり、広く全国や海外に販売している産業。石川県輪島市の漆器、福井県鯖江市のめがねフレーム、新潟県燕市の金属洋食器などが有名。

🔍調べてみよう　地域にどんな地場産業があるか調べてみよう！

IC（集積回路）

トランジスタやダイオードなどの電子部品を小さな基盤に組みこんだ超小型の電子回路。コンピュータやテレビ、通信機器や自動車など、さまざまな工業製品に利用されている。日本の生産技術は世界でもトップクラス。

企業城下町

大企業とその取り引き先の関連企業が集まって発展した町。トヨタ自動車のある愛知県豊田市、日立製作所のある茨城県日立市などがある。

エネルギー資源 1巻52ページ

産業やくらしに必要な熱や動力、電気などを生み出す資源。おもに石油や石炭、天然ガスが利用され、日本はこれらのほとんどを輸入にたよっている。近年は再生可能エネルギー（→43ページを見よう）が注目されている。

シェールオイル

地中深くにある頁岩（シェール）の層にふくまれている石油。かたい岩石のなかにあるため採掘がむずかしかったが、強い水圧で岩石にひびを入れて取り出す方法が開発され、現在はアメリカやカナダでさかんに生産されている。日本でも2014年から、秋田県の鮎川油ガス田で採掘が始まった（→2巻45ページを見よう）。

カーボンニュートラル 1巻32ページ

二酸化炭素の排出量をゼロにすることはむずかしいた

現在

排出される量が吸収される量より多い状態

脱炭素社会にむけて

❶ 排出される量をできるかぎりへらす

❷ どうしてもへらせない分は吸収される量をふやす

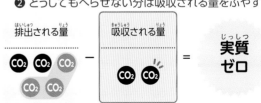

↑カーボンニュートラルの考え方　　　（すなだゆか『はじめての脱炭素』より作成）

め、森林などが二酸化炭素を吸収する量をふやすことで、二酸化炭素の排出量と吸収量を差し引きゼロにする「実質ゼロ」の状態のこと。世界各国は、まずこの状態をめざしてさまざまな目標を立てている。

再生可能エネルギー ················  1巻54ページ

太陽光、風力、地熱、木材など、自然のなかでくりかえし再生され、ずっと使いつづけられるエネルギー。

●太陽光発電

太陽の光が当たると電気を生じる太陽電池を使っておこなう発電。再生可能エネルギー利用の柱になると期待され、メガソーラー発電所とよばれる大規模な太陽光発電所の建設が各地で進んでいる。また、屋根やかべなど、使われていないところに設置することもできるため、導入しやすい。

●バイオマス発電

バイオマスは、動植物などから生まれる生物資源をまとめた言葉。バイオマスを燃やしたり、ガス化したりすることで発電する。林業や製材業で出た木くずなどを使う木質バイオマス発電をはじめ、林業・水産業から出る廃棄物、生ごみや家畜の排せつ物など、これまで生物にかかわるさまざまなすてられていたものを資源として活用できるため、注目を集めている。

●地熱発電

マグマの熱でできた蒸気や熱水を地下からくみ上げてタービンを回し、発電する。火山の近くでおこなわれている。

これまでの方法では、高温の熱水を使うため、深く掘る必要があり費用や時間がかかっていた。新たな方法として、水より沸点の低い媒体を使って加熱する「バイナリー方式」が考えられたことで、費用と時間の両方の点から、導入しやすくなることが期待されている。

●風力発電

風の力で風車を回し、発電機を動かして電気をおこす方法。陸上と洋上の両方で発電できるが、とくに、日本では強くて安定した風を得られる洋上風力発電の実用化にむけた取り組みが進められている。太陽光発電と異なり、風があれば夜間でも発電ができる。

●水素発電

水素を燃料とした火力発電。水素は、燃やしても二酸化炭素が出ないことから、環境にやさしい火力発電とし

←**風力発電** 現在、洋上の発電所の建設が進められている。写真は長崎県五島列島の海に風車をうかべて発電する浮体式洋上風力発電所「はえんかぜ」。

←**太陽光発電** 現在、日本各地にメガソーラー発電所の建設が進められている。写真は鹿児島七ツ島メガソーラー発電所で、50MWをこえる巨大な太陽光発電所の先駆けとなった。

て開発が進められている。水素を運んだり保存したりするのがむずかしく、費用が高いことが課題となっている。同じ水素を使うものとして、アンモニアを使った発電も開発が進んでいる。アンモニアは、毒性があるため取りあつかいに注意が必要だが、輸送や保存にかかる費用が安いことから、注目を集めている。

調べてみよう 地域でどんな再生エネルギーの取り組みがおこなわれているか調べてみよう！

電気自動車 ··································

ガソリンのかわりに電気を使って走る自動車。走行時に二酸化炭素を排出しない。電気を使って走る自動車としては、水素と酸素の化学反応で発電した電気を使う「燃料電池自動車」もある。そのほか、電気とガソリンの両方を使って走る「ハイブリッド車」や「プラグイン・ハイブリッド車」（外から充電ができ、ハイブリッド車よりも電気で走るきょりが長いもの）などもあるが、ガソリンでの走行時には二酸化炭素を排出するため、海外では規制がきびしくなってきている。

IT(ICT)産業 ··································

情報通信に関連した産業をまとめていう言葉。コンピューターなどのソフトウェアをつくる産業、情報の提供や管理をおこなう産業など、さまざまある。IT はInformation Technology（情報技術）の略。ICT は、こ

れに Communication（通信）が加わった言葉。

インバウンド・・・・・・・・・・・・・・・・・・ 🖱 1巻 69 ページ

「外から中に入りこむ」という意味の英語で、外国人が日本を訪れる旅行をさす。2013 年に訪日外国人旅行者が 1000 万人をこえたころから使われるようになった。

2019 年に訪日外国人旅行者は過去最高の 3188 万人を記録したが、2020 年からの新型コロナウイルス感染症の拡大による入国の制限でゼロになった。2022 年 10 月から外国人旅行者の受け入れが本格的に始まり、インバウンドの復活が期待されている。

おろし売業・小売業・・・・・・・・・・・・・・ 🖱 1巻 58 ページ

生産者（メーカー）から大量に仕入れた商品を小売業者に販売する仕事がおろし売業。業者は問屋ともよばれる。それを消費者に直接、販売する仕事が小売業。個人商店のほか、デパートやスーパー、コンビニエンスストアなどもふくまれる。

TPP ・・・・・・・・・・・・・・・・・・・・・・・・・・・・・・・・

環太平洋パートナーシップの略。太平洋をとりまく国々のあいだで、関税（輸入した品物にかかる税金）をなくすなどして、貿易を自由化するための協定。日本では自動車などの輸出が進むことが期待される反面、海外から農産物などが安い値段で入ってきて、農林水産業が打撃を受けることを心配する声も多い。協定交渉中の 2017 年にアメリカが離脱したが、2018 年に日本をふくむ 7 か国で発効した。2023 年 2 月までに 10 か国で発効している。

🎞️ 文化

プロスポーツリーグ・・・・・・・・・・・・・・・・・・・・・・・・

◯B リーグ

2016 年に開幕した、日本の男子プロバスケットボールリーグの通称。1 部リーグ（24 チーム）と 2 部リーグ（14 チーム）に分かれている（2023 年 2 月現在）。

◯J リーグ

日本プロサッカーリーグの通称で、1993 年にリーグ戦が開幕した。3 部に分かれ、2023 年 2 月現在、J 1 が 18 チーム、J 2 が 22 チーム、J 3 が 20 チーム。リ

順位	国名	合計	文化遺産	自然遺産	複合遺産
1	イタリア	58	53	5	0
2	中国	56	38	14	4
3	ドイツ	51	48	3	0
4	スペイン	49	43	4	2
5	フランス	49	42	6	1
6	インド	40	32	7	1
7	メキシコ	35	27	6	2
8	イギリス	33	28	4	1
9	ロシア	30	19	11	0
10	イラン	26	24	2	0
11	日本	25	20	5	0
12	アメリカ	24	11	12	1
13	ブラジル	23	15	7	1
	世界計	1157	900	218	39

↑世界遺産登録数ランキング（2023 年 2 月現在）

ーグ戦の結果により、毎年チームの入れかわりがある。

◯WE リーグ

2020 年 10 月に誕生した、日本女子プロサッカーリーグの通称。11 チームが所属。1989 年に始まったなでしこリーグは、アマチュアリーグとして存続した。1 部、2 部に分かれ、全部で 22 チームが所属している（2023 年 2 月現在）。

姉妹都市（友好都市）・・・・・・・・・・・・・・ 🖱 各巻文化ページ

親善や文化交流を目的に提携した都市と都市。産業や文化などで共通点のある都市どうしの提携が多い。

🔍 **調べてみよう** 住んでいる市町村、都道府県の姉妹都市や友好都市について調べてみよう！

世界遺産・・・・・・・・・・・・・・・・・・・・・・ 🖱 1巻 70 ページ

すぐれた自然環境や文化財を、人類共通の遺産として国際的に保護するためのユネスコの事業。世界遺産条約にもとづいて審査をおこない、世界的な価値があると認められたものを登録する。自然遺産・文化遺産・複合遺産の三つの種類があり、2023 年 2 月現在、日本では自然遺産 5 件、文化遺産 20 件が登録されている。

◯自然遺産

世界的にすぐれた自然の景観や地形、貴重な動植物が生息する場所などが対象。

◯文化遺産

世界的に価値の高い建造物や彫刻、絵画などが対象。

↑世界農業遺産の「トキと共生する佐渡の里山」　新潟県の佐渡では、トキが自然の中でくらせるように、化学肥料や農薬をへらした米づくりを進めている（→4巻7ページを見よう）。

●複合遺産

自然遺産と文化遺産の両方をかねそなえたもの。

その他の世界遺産 ・・・・・・・・・・・・・・ 1巻 72 ページ

●無形文化遺産

世界各地で受けつがれてきた無形の文化財を保護するためのユネスコの事業。すぐれた芸能や祭り、伝統工芸の技術などを、条約にもとづいて審査・登録する。日本の無形文化遺産の審査は現在2年に1件となっている。2023年2月現在、日本では22件が登録されている。

●世界の記憶

歴史的な文書や絵画などを保存し、広く公開することを目的としたユネスコの事業。2023年2月現在、日本では7件が登録されている。

●世界農業遺産

正式名称は「世界重要農業遺産システム」。地域の伝統的な農業を中心とした文化や景観、生態系などを、まとめて保全することをめざす国連の事業。2023年2月現在、日本では13地域が認定されている。

日本遺産（Japan Heritage）・・・・・・・・・・・・・・

地域に点在するさまざまな文化財を関連づけて組み立てたストーリーを、国が遺産として認定する事業。このストーリーを通して地域の歴史や文化を知ってもらい、新たな地域おこしにつなげるのがねらい。2023年2月現在、全国で104のストーリーが認定されている。

ノーベル賞・・・・・・・・・・・・・・・・・・・・・・・・・・・・・・

ダイナマイトを発明したスウェーデンの発明家・ノーベルの遺言にもとづいて1901年に設けられた賞。物理学、化学、生理学・医学、文学、平和、経済学の六つの分野で、世界的にすぐれた功績をあげた人に贈られる。毎年、ノーベルの命日の12月10日に授賞式がおこなわれる。2023年2月現在、日本人の受賞者は29人。

文化財・・・・・・・・・・・・・・・・・ 各巻文化ページ

人間の活動によって生み出され、残されているさまざまなもののうち、とくに歴史的価値・文化的価値が高いものをいう。日本では、文化財保護法という法律にもとづいて、建築・絵画・彫刻などの有形文化財と、演劇・音楽・工芸技術などの無形文化財、さらに民俗文化財や史跡・名勝・天然記念物など、次の表にあげられたものが対象となり、保護されている。

国が指定する文化財のほかに、都道府県や市区町村でも文化財保護条例という決まりをつくって、文化財の指定をおこなっている。

（調）べてみよう　地域にどんな文化財があるか調べてみよう！

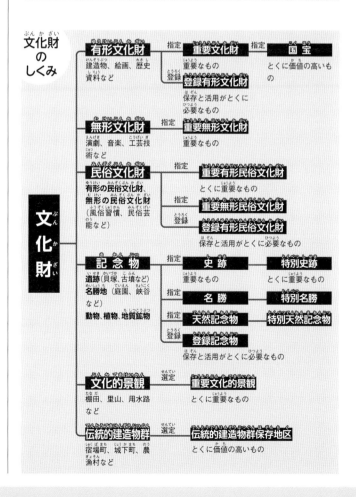

都道府県別
市町村お国じまん一覧

●各市町村のおもな特産物と観光名所・祭りが出ています。

北海道

市区町村	特産品	観光名所・祭りなど

●石狩振興局

市区町村	特産品	観光名所・祭りなど
札幌市	札幌ラーメン、スープカレー	北海道庁旧本庁舎、さっぽろ雪まつり
江別市	小麦	旧町村農場
千歳市	ひめます、たまねぎ	支笏湖、キウス周堤墓群
恵庭市	花き、かぼちゃ、トマト	えこりん村
北広島市	米、まるひろ大根	旧島松駅逓所
石狩市	さけ、いしかり丼、石狩鍋	川下海浜公園、マクンベツ湿原
当別町	かすみそう、もやし、いちご、ぶた	見晴らしの水松、伊達記念館
新篠津村	米、みそ	たっぷの湯

●渡島総合振興局

市区町村	特産品	観光名所・祭りなど
函館市	いか、うに、真こんぶ	五稜郭跡、函館港まつり
北斗市	トマト、ねぎ、ほっき貝	トラピスト修道院
松前町	松前漬	松前城跡
福島町	こんぶ、するめ	やるべ福島イカまつり
知内町	にら、かき、ほたて、そば	サマーカーニバルin知内
木古内町	はこだて和牛、ひじき	咸臨丸が眠るサラキ岬
七飯町	カーネーション、ねぎ、じゅんさい	大沼、駒ヶ岳
鹿部町	すけとうだら、たらこ	しかべ間歇泉公園
森町	かぼちゃ、きゅうり、トマト	駒ヶ岳、鳥崎八景
八雲町	いちご、かすみそう、牛乳	噴火湾パノラマパーク、根崎神社例大祭
長万部町	ほたて、ほっき貝	長万部ほたるの里

●檜山振興局

市区町村	特産品	観光名所・祭りなど
江差町	米、アスパラガス	姥神大神宮渡御祭
上ノ国町	あわび、ほっけ、ブラックシリカ	勝山館跡
厚沢部町	さつまいも、だいず、じゃがいも	土橋自然観察教育林
乙部町	黒千石大豆、ゆり根	元和台マリンフェスティバル
奥尻町	岩がき、あわび、うに	奥尻島津波館
今金町	じゃがいも、だいず	ピリカ遺跡
せたな町	ヤーコン、ゆり根、いか	せたな漁火まつり

●後志総合振興局

市区町村	特産品	観光名所・祭りなど
小樽市	いちご、米、スイートコーン	小樽運河
島牧村	米、はちみつ、うに	賀老の滝
寿都町	しらす、ほっけ、かき	弁慶岬
黒松内町	ハム、チーズ、ぶどう	北限のブナ林、ビーフ天国まるっと黒松内
蘭越町	つけ物、らんこし米	貝の館、大湯沼自然展示館
ニセコ町	にんじん、じゃがいも	有島記念館
真狩村	ゆり根、じゃがいも	羊蹄山
留寿都村	だいこん、じゃがいも	道の駅230ルスツ
喜茂別町	じゃがいも、グリーンアスパラ	中山峠
京極町	じゃがいも	京極のふきだし湧水

市区町村	特産品	観光名所・祭りなど
倶知安町	とうもろこし、じゃがいも	ニセコリゾート
共和町	メロン、米、すいか	神仙沼
岩内町	たらこ、海洋深層水	木田金次郎美術館
泊村	うに、さけ、ほたて	群来まつり
神恵内村	うに、ほたて、ほっけ	中の滝
積丹町	あわび、うに、かぼちゃ	神威岬
古平町	ぼたんえび、たこ、たらこ	古平漁港、東しゃこたん漁協祭
仁木町	プルーン、さくらんぼ	農村公園フルーツパークにき
余市町	いちご、さくらんぼ、ワイン	ニッカウヰスキー余市蒸留所
赤井川村	いちご、メロン	カルデラの味覚まつり

●空知総合振興局

市区町村	特産品	観光名所・祭りなど
夕張市	夕張メロン	石炭博物館
岩見沢市	たまねぎ、はくさい	宝水ワイナリー、いわみざわ百餅まつり
美唄市	ハスカップ、米、美唄焼き鳥	炭鉱メモリアル森林公園
芦別市	木質バイオマス資源	キラキラ☆フェスタあしべつ
赤平市	米、トマト	あかびら火まつり
三笠市	かぼちゃ、たまねぎ、メロン	三笠鉄道村、三笠市立博物館
滝川市	小麦、菜の花、清酒、ジンギスカン	たきかわ菜の花まつり
砂川市	トマト、たまねぎ	北海道子どもの国
歌志内市	チロルレタス	なまはげ祭り
深川市	ながいも、黒米、ふかがわシードル	道の駅ライスランドふかがわ
南幌町	キャベツ、たもぎだけ	南幌温泉
奈井江町	トマト	道の駅ハウスヤルビ奈井江
上砂川町	にじます	雪ん子まつり
由仁町	原木しいたけ	ゆにガーデン
長沼町	ジンギスカン、米	道の駅マオイの丘公園
栗山町	たまねぎ、清酒	小林酒造北の錦記念館
月形町	メロン	月形樺戸博物館
浦臼町	えぞ鹿肉、ワイン	うらうす夏の味覚まつり
新十津川町	清酒、ジンギスカン	陶芸まつり
妹背牛町	米、かすみそう	遊水公園うらら
秩父別町	ブロッコリー	ローズガーデンちっぷべつ
雨竜町	米、メロン	雨竜沼湿原
北竜町	黒千石大豆、ひまわり	ひまわりまつり
沼田町	いちご、米	萌の丘、ほたるの里

●上川総合振興局

市区町村	特産品	観光名所・祭りなど
旭川市	米、そば	旭山動物園、旭川冬まつり
士別市	米、羊肉	羊と雲の丘
名寄市	アスパラガス、もち米	サンピラーパーク、なよろひまわり畑
富良野市	小麦、すいか、メロン、ワイン	麓郷の森、北海へそ祭り
鷹栖町	トマトジュース	メロディー橋
東神楽町	家具、米	ひがしかぐら森林公園
当麻町	でんすけすいか、ばら	当麻鍾乳洞
比布町	いちご、米、まいたけ	カタクリの群落

46

市区町村	特産品	観光名所・祭りなど
愛別町	きのこ	きのこの里フェスティバル
上川町	大雪高原牛、ぶた肉	黒岳ロープウェイ、層雲峡温泉氷瀑まつり
東川町	米	大雪山
美瑛町	アスパラガス、じゃがいも	四季彩の丘、白金青い池
上富良野町	ぶた肉、肉牛	土の博物館「土の館」、ラベンダー畑
中富良野町	メロン、ラベンダー	ファーム富田
南富良野町	にんじん、えぞ鹿肉	かなやま湖
占冠村	えぞ鹿肉、山菜、きのこ	アイスビレッジ
和寒町	越冬キャベツ、かぼちゃ	塩狩峠記念館
剣淵町	屯田三色めん	絵本の館
下川町	手のべめん、木材	万里長城、アイスキャンドルミュージアム
美深町	白樺樹液、美深キャビア	仁宇布の冷水と十六滝
音威子府村	そば、山菜	天塩川温泉
中川町	ハスカップ、ソーセージ	エコミュージアムセンター
幌加内町	そば	朱鞠内湖

●留萌振興局

市区町村	特産品	観光名所・祭りなど
留萌市	米、いか、なまこ、塩数の子	黄金岬海浜公園
増毛町	米、さくらんぼ、甘えび	旧商家丸一本間家
小平町	米、たこ、ほたて	旧花田家番屋
苫前町	小麦、かぼちゃ、たこ	上平グリーンヒルウィンドパーク
羽幌町	グリーンアスパラ、甘えび	天売島
初山別村	ハスカップ	しょさんべつ天文台
遠別町	メロン、ほたて	金浦原生花園
天塩町	牛乳、しじみ	天塩町鏡沼海浜公園

●宗谷総合振興局

市区町村	特産品	観光名所・祭りなど
稚内市	肉牛、じゃがいも	宗谷岬、全国犬ぞり稚内大会
猿払村	ほたて	ポロ沼、カムイト沼
浜頓別町	牛乳、ほたて、毛がに	ウソタンナイ砂金採掘公園
中頓別町	牛乳、はちみつ	中頓別鍾乳洞
枝幸町	毛がに、さけ、ほたて	千畳岩、流氷
幌延町	あいがも、トナカイ肉	サロベツ湿原、パンケ沼
豊富町	えぞ鹿肉、牛乳	サロベツ湿原
礼文町	利尻こんぶ、ほっけ	礼文島
利尻町	利尻こんぶ、うに	利尻山
利尻富士町	利尻こんぶ	利尻山

●オホーツク総合振興局

市区町村	特産品	観光名所・祭りなど
北見市	はっか、たまねぎ、経木	常呂遺跡・北の大地の水族館
網走市	かまぼこ、かに	博物館網走監獄、流氷観光砕氷船おーろら
紋別市	牛、ほたて、かに	オホーツク流氷科学センター
美幌町	木工品、てんさい	美幌峠、屈斜路湖
津別町	木工品、牛乳、じゃがいも	グレステンスキー場、津別峠
斜里町	さけ、かに	知床峠、カムイワッカ湯の滝
清里町	たまねぎ、ながいも、じゃがいも	斜里岳
小清水町	じゃがいも、アスパラガス	流氷、小清水原生花園
訓子府町	訓子府たれカツ丼、メロン	レクリエーション公園
置戸町	オケクラフト、ワイン、ヤーコン	森林体験交流センター
佐呂間町	乳製品、かぼちゃ、ほたて	サロマ湖
遠軽町	じゅんさい、黒曜石製品	瞰望岩、太陽の丘えんがる公園

市区町村	特産品	観光名所・祭りなど
湧別町	えび、ほたて、乳製品	アイスブーム（防氷堤）、流氷
滝上町	七面鳥、はっか、トマトジュース	芝ざくら滝上公園、流氷
興部町	乳製品、さけ、ほたて、かに	モーモー城と風車、流氷
西興部村	山菜、鹿肉	森の美術館「木夢」
雄武町	雄宝（ブランドさけ）、ほたて	日の出岬
大空町	長いも、しじみ、しらうお	女満別湖、ひがしもこと芝桜公園

●胆振総合振興局

市区町村	特産品	観光名所・祭りなど
室蘭市	うずらの卵、こんぶ	チキウ（地球）岬
苫小牧市	ハスカップ、ほっき貝	ウトナイ湖
登別市	牛乳、わさび、たらこ	登別温泉、のぼりべつクマ牧場
伊達市	アロエ、キャベツ、長いも	有珠山、昭和新山、北小金貝塚
豊浦町	いちご、ほたて	噴火湾
壮瞥町	プラム、さくらんぼ、りんご	昭和新山国際雪合戦
白老町	たらこ、白老牛	ウポポイ
厚真町	米、ハスカップ、ぶた肉	あつま海浜まつり、あつま田舎まつり
洞爺湖町	長いも、ほたて	洞爺湖温泉、洞爺湖有珠山ジオパーク
安平町	ハスカップ、メロン、チーズ	あびら夏! うまかつり
むかわ町	米、牛肉、ししゃも	穂別博物館

●日高振興局

市区町村	特産品	観光名所・祭りなど
日高町	ねぎ、ししゃも、ほおずき	門別競馬場
平取町	トマト、二風谷アットゥシ、二風谷イタ	萱野茂二風谷アイヌ資料館
新冠町	アスパラガス、ピーマン	優駿記念館
浦河町	いちご、さけ、日高こんぶ	JRA日高育成牧場
様似町	ししゃも、さけ、日高こんぶ	アポイ岳ジオパークビジターセンター
えりも町	えりも短角牛、さけ、日高こんぶ	襟裳岬
新ひだか町	みついしこんぶ、みついし牛	二十間道路桜並木

●十勝総合振興局

市区町村	特産品	観光名所・祭りなど
帯広市	おかし、てんさい、ぶた丼	真鍋庭園、ばんえい十勝
音更町	うどん、だいず、チーズ	モール温泉（十勝川温泉）
士幌町	じゃがいも、しほろ牛	士幌高原ヌプカの里
上士幌町	肉牛、乳製品、十勝石工芸品	北海道バルーンフェスティバル
鹿追町	そば	神田日勝記念美術館
新得町	そば	サホロリゾート
清水町	乳製品、牛肉	十勝千年の森
芽室町	スイートコーン、ごぼう、じゃがいも	ゲートボール発祥の地
中札内村	えだ豆、ブロイラー	六花の森
更別村	じゃがいも、アスパラガス	国際トラクターBAMBA
大樹町	ぶた肉、チーズ、さけ	宇宙交流センターSORA
広尾町	ししゃも、さけ、毛がに	サンタランド
幕別町	長いも、じゃがいも、ゆり根	忠類ナウマン象記念館、パークゴルフ
池田町	ぶどう、ワイン	秋のワイン祭り
豊頃町	だいこん、さけ、わかさぎ	茂岩山自然公園
本別町	だいず、あずき	義経の里本別公園
足寄町	ラワンブキ	オンネトー
陸別町	鹿肉、山菜	銀河の森天文台、しばれフェスティバル
浦幌町	ラズベリー、ぎょうじゃにんにく	昆布刈石展望台

市区町村	特産品	観光名所・祭りなど
釧路市	さけ、うに、毛がに	阿寒湖、釧路湿原
釧路町	かき、こんぶ、さけ	釧路湿原
厚岸町	かき、あさり、こんぶ	原生花園あやめヶ原
浜中町	うに、かき、こんぶ	霧多布湿原
標茶町	羊	シラルトロ湖、多和平
弟子屈町	メロン、じゃがいも	摩周湖、屈斜路湖
鶴居村	チーズ	鶴居・伊藤タンチョウサンクチュアリ
白糠町	しそ、ししゃも、ブルーベリー	恋問海岸

市区町村	特産品	観光名所・祭りなど
根室市	さんま、かに、北海しまえび	納沙布岬、風蓮湖
別海町	牛乳、ほたて	野付半島
中標津町	じゃがいも、牛乳、しいたけ	開陽台
標津町	さけ、ほたて	標津サーモン科学館
羅臼町	羅臼こんぶ、さけ、ほっけ	知床、ホエールウォッチング

青森県

市区町村	特産品	観光名所・祭りなど
青森市	ほたて、りんご、津軽びいどろ	三内丸山遺跡、八甲田山、青森ねぶた祭
弘前市	りんご、津軽塗	弘前城、弘前ねぷたまつり、岩木山
八戸市	いか、さば、八幡馬	種差海岸、八戸三社大祭、是川石器時代遺跡
黒石市	りんご、温湯こけし	りんご史料館、こみせ通り
五所川原市	しじみ、りんご	斜陽館、五所川原立佞武多
十和田市	ひめます、肉牛、長いも	奥入瀬渓流、十和田市現代美術館
三沢市	ごぼう、ほっき貝、長いも	青森県立三沢航空科学館
むつ市	ほたて、青森ひば	恐山、大湊まつり、サル生息北限地
つがる市	米、すいか	亀ヶ岡石器時代遺跡、馬市まつり
平川市	米、もも	盛美園
平内町	ほたて	浅所海岸
今別町	いまべつ牛、いか、ぶり	荒馬
蓬田村	トマト、ほたて、かに	玉松台
外ヶ浜町	かに、しろうお	大平山元遺跡、龍飛崎
鰺ヶ沢町	ひらめ、金あゆ	白神山地、くろくまの滝
深浦町	いか、にんじん	千畳敷海岸、不老不死温泉、白神山地
西目屋村	りんご、みそ、そば	暗門の滝、白神山地
藤崎町	りんご、米、にんにく	ふじ原木公園、唐糸御前史跡公園
大鰐町	大鰐もやし、大鰐こけし	大鰐温泉
田舎館村	米、ぶどう（スチューベン）	垂柳遺跡、田んぼアート
板柳町	りんご	板柳町ふるさとセンター
鶴田町	ぶどう（スチューベン）	鶴の舞橋、丹頂鶴自然公園
中泊町	いか、めばる、青森ひば	七ツ滝、津軽伝統金多豆蔵人形劇場
野辺地町	ほたて、小かぶ	のへじ祇園まつり
七戸町	にんにく、ながいも	二ツ森貝塚
六戸町	シャモロック、にんにく	舘野公園
横浜町	なまこ、ほたて、なたね	菜の花フェスティバル
東北町	しじみ、ながいも	日本中央の碑歴史公園
六ヶ所村	ブルーベリー、うに	物見崎
おいらせ町	メロン、長いも、ほっき貝	日本一の自由の女神像
大間町	まぐろ	大間崎、日曜日はマグロだDay
東通村	いか、ほたて、あわび	尻屋崎灯台、能舞

市区町村	特産品	観光名所・祭りなど
風間浦村	こんぶ、わかめ、ふのり	下風呂温泉
佐井村	うに、もずく、青森ひば	仏ヶ浦
三戸町	ガマズミ、りんご	三戸城跡城山公園
五戸町	ながいも、肉牛	南部駒踊り
田子町	にんにく、肉牛	田子神楽
南部町	さくらんぼ、りんご	南部手踊り
階上町	そば、いちご煮	階上海岸、鶏舞
新郷村	乳製品	三嶽神社

岩手県

市区町村	特産品	観光名所・祭りなど
盛岡市	盛岡じゃじゃ麺、わんこそば、南部鉄器	盛岡さんさ踊り、チャグチャグ馬コ
宮古市	さんま、わかめ	浄土ヶ浜、早池峰山
大船渡市	わかめ、かき、ほたて	碁石海岸、五葉山山開き
花巻市	りんご、ぶどう、ねぎ	宮沢賢治記念館、花巻温泉、花巻まつり
北上市	りんご、南部系覚平こけし	北上市立鬼の館、鬼剣舞
久慈市	琥珀、小久慈焼	久慈地下水族科学館もぐらんぴあ
遠野市	ホップ、わさび	遠野ふるさと村、早池峰しし踊り
一関市	ブルーベリー、もくずがに、ねぎ	厳美渓、骨寺村荘園遺跡、栗駒山
陸前高田市	かき、ほたて、わかめ	奇跡の一本松
釜石市	さんま、ほたて、うに	釜石市立鉄の歴史館、橋野鉄鉱山
二戸市	りんご、短角和牛、浄法寺塗	金田一温泉、天台寺
八幡平市	りんどう、ほうれんそう	八幡平、岩手山、岩手山焼走り熔岩流
奥州市	前沢牛、岩谷堂たんす	えさし藤原の郷、日高火防祭
滝沢市	すいか、りんご	チャグチャグ馬コ
雫石町	雫石牛、乳製品	小岩井農場
葛巻町	乳製品、山ぶどうワイン	平庭高原
岩手町	キャベツ、そば	石神の丘美術館
紫波町	ぶどう、もち米、清酒	山屋の田植踊
矢巾町	ズッキーニ	徳丹城跡
西和賀町	わらび、りんどう、あけび蔓細工	錦秋湖
金ケ崎町	アスパラガス、和紙人形	金ヶ崎町城内諏訪小路
平泉町	秀衡塗、りんご	中尊寺、毛越寺、春の藤原祭り
住田町	気仙すぎ、いちご	滝観洞
大槌町	さけ、わかめ	吉里吉里海岸
山田町	かき、さけ、しいたけ	鯨と海の科学館
岩泉町	龍泉洞の水、乳製品	龍泉洞
田野畑村	こんぶ、乳製品	北山崎
普代村	こんぶ、うに、まつたけ	黒崎
軽米町	木炭、肉牛、さるなし	フォリストパーク
野田村	ぶた肉、野田塩、山ぶどう	マリンローズパーク野田玉川
九戸村	とり肉、甘茶	折爪岳のヒメボタル
洋野町	うに、しいたけ	種市海浜公園
一戸町	レタス、ハム、竹細工	御所野遺跡

宮城県

市区町村	特産品	観光名所・祭りなど
仙台市	笹かまぼこ、牛たん、仙台たんす	仙台城跡、大崎八幡宮、仙台七夕まつり
石巻市	さば、かつお、雄勝すずり	石ノ森萬画館、黄金山神社、石巻川開き祭り

市区町村	特産品	観光名所・祭りなど
塩竈市	笹かまぼこ	鹽竈神社、塩竈みなと祭
気仙沼市	フカヒレ、かき、さんま	巨釜・半造、氷の水族館
白石市	白石うーめん、こけし、白石和紙	全日本こけしコンクール
名取市	カーネーション、みょうがだけ	雷神山古墳
角田市	米、だいず、うめぼし	角田宇宙センター
多賀城市	古代米	多賀城跡、東北歴史博物館
岩沼市	カーネーション、きゅうり、メロン	千年希望の丘、竹駒神社初午大祭
登米市	米、肉牛、松笠風鈴	登米教育資料館、伊豆沼
栗原市	米、パプリカ、若柳地織	伊豆沼、栗駒高原
東松島市	かき、あわび、うに	松島、里浜貝塚
大崎市	米、鳴子漆器、宮城伝統こけし	鳴子温泉、鳴子峡、旧有備館
富谷市	ブルーベリー、はちみつ	榊流永代神楽
蔵王町	なし、乳製品、宮城伝統こけし	蔵王山、遠刈田温泉
七ヶ宿町	南蔵王天然水、米、炭	蔵王山、七ヶ宿スキー場
大河原町	うめ、ブルーベリー、えだ豆	一目千本桜
村田町	そらまめ	村田蔵の町並み
柴田町	ゆず、みそ	船岡城址公園
川崎町	こんにゃく、そば	国営みちのく杜の湖畔公園
丸森町	自然薯、米、えごま	蔵の郷土館齋理屋敷
亘理町	いちご、りんご、ほっき貝	伊達氏歴代墓所
山元町	いちご、りんご、ほっき貝	八重垣神社
松島町	かき、あなご	瑞巌寺、松島
七ヶ浜町	のり、わかめ	多聞山
利府町	なし	グランディ・21
大和町	しいたけ、いわな	七ツ森湖畔公園
大郷町	モロヘイヤ、きくいも	支倉常長メモリアルパーク
大衡村	かすみそう、清酒	昭和万葉の森
色麻町	米、えごま	愛宕山公園
加美町	もち米、切込焼	火伏せの虎舞
涌谷町	おぼろ豆腐、みそ	黄金山産金遺跡
美里町	ばら、もち米、いちご	山前遺跡
女川町	さんま、ほや	シーパルピア女川
南三陸町	ぎんざけ、ほたて、かき	南三陸さんさん商店街

秋田県

市区町村	特産品	観光名所・祭りなど
秋田市	秋田ふき、秋田銀線細工	秋田竿燈まつり、土崎港曳山祭り
能代市	山うど、みょうが、秋田杉桶樽	風の松原
横手市	りんご、さくらんぼ、横手焼きそば	秋田ふるさと村、かまくら
大館市	比内地鶏、とんぶり、大館曲げわっぱ	秋田犬会館、アメッコ市
男鹿市	はたはた、メロン	男鹿水族館GAO、なまはげ柴灯まつり
湯沢市	三梨牛、稲庭うどん、川連漆器	小安峡、犬っこまつり
鹿角市	りんご、北限のもも	大湯環状列石、花輪ばやし
由利本荘市	由利牛、本荘ごてんまり	鳥海山
潟上市	なし、ぶどう	天王グリーンランド
大仙市	大曲の花火、米、楢岡焼	払田柵跡、大曲の花火
北秋田市	比内地鶏、肉牛、秋田八丈	伊勢堂岱遺跡、綴子大太鼓
にかほ市	岩がき、いちじく	象潟・九十九島、獅子ヶ鼻湿原
仙北市	くり、樺細工	角館武家屋敷、田沢湖、駒ヶ岳、角館祭り
小坂町	ひめます、桃ぶた	康楽館、小坂鉱山事務所、十和田湖

市区町村	特産品	観光名所・祭りなど
上小阿仁村	フルーツほおずき	上大内沢自然観察教育林
藤里町	白神山水、まいたけ	白神山地
三種町	じゅんさい、うめ、メロン	釜谷浜
八峰町	しいたけ、そば、はたはた	白神山系水沢山ブナの森公園、白神山地
五城目町	きいちご、弓具	三平メモリアルルーム
八郎潟町	いちじく、マガモ肉	願人踊
井川町	りんご、なし	日本国花苑
大潟村	米、かぼちゃ	大潟村干拓博物館
美郷町	サイダー	六郷の竹うち
羽後町	すいか、羽後牛	西馬音内盆踊り
東成瀬村	トマト	栗駒山

山形県

市区町村	特産品	観光名所・祭りなど
山形市	食用ぎく、冷やしラーメン、山形鋳物	蔵王山、立石寺、山形花笠まつり
米沢市	米沢牛、こい、置賜紬	米沢市上杉博物館、米沢上杉まつり
鶴岡市	米、メロン、だだちゃ豆、羽越しな布	羽黒山、湯殿山、月山、松例祭、王祇祭
酒田市	米、メロン、清酒	山居倉庫、飛島、黒森歌舞伎
新庄市	くじらもち、そば	雪の里情報館、新庄まつり
寒河江市	さくらんぼ、食用ぎく	慈恩寺
上山市	さくらんぼ、ぶどう	斎藤茂吉記念館、かみのやま温泉
村山市	米、すいか	東沢バラ園
長井市	すいか、置賜紬	古代の丘資料館、あやめ公園
天童市	ラ・フランス、天童将棋駒	天童市将棋資料館、人間将棋
東根市	さくらんぼ、ラ・フランス	さくらんぼマラソン大会
尾花沢市	すいか	銀山温泉
南陽市	ぶどう、ワイン、さくらんぼ	赤湯温泉
山辺町	じゅうたん、そば	ラベンダー祭
中山町	すもも、いも煮	元祖芋煮会in中山
河北町	べにばな、スリッパ	紅花資料館
西川町	月山自然水、なめこ	湯殿山、月山
朝日町	りんご、ワイン	朝日町ワイン城
大江町	ラ・フランス、もも	神通峡
大石田町	そば、すいか	最上川舟役所跡
金山町	金山すぎ製品、山菜	神室山
最上町	アスパラガス、りんどう	赤倉温泉、瀬見温泉
舟形町	米、山菜、あゆ	西ノ前遺跡
真室川町	米、なめこ	薬師堂
大蔵村	山菜、トマト	肘折温泉、月山
鮭川村	きのこ、鮭の新切り	小杉の大杉(トトロの木)
戸沢村	えごま、パプリカ	最上川舟下り
高畠町	清酒、ワイン	日向洞窟、浜田広介記念館
川西町	米、米沢牛	川西ダリヤ園
小国町	山菜、きのこ	赤芝峡、黒沢峠
白鷹町	べにばな、あけび、深山和紙、置賜紬	白鷹紅花まつり
飯豊町	どぶろく、山菜	観光わらび園、白川湖
三川町	米、メロン、しいたけ	山の神のケヤキ
庄内町	庄内柿、米、金魚	北楯大堰、月山
遊佐町	メロン、米、岩がき	鳥海山、旧青山本邸

福島県

市区町村	特産品	観光名所・祭りなど
福島市	りんご、もも	磐梯吾妻スカイライン、飯坂温泉
会津若松市	清酒、赤ベコ、会津塗	鶴ヶ城、猪苗代湖、十六橋水門
郡山市	だいこん、米、なし	安積疏水麓山の飛瀑、郡山うねめまつり
いわき市	あんこう、さんま、水産加工品	白水阿弥陀堂、スパリゾートハワイアンズ
白河市	白河ラーメン、トマト、白河だるま	白河関跡、白河だるま市
須賀川市	なし、りんご、きゅうり	須賀川牡丹園
喜多方市	桐工芸品、清酒、喜多方ラーメン	喜多方の蔵
相馬市	いちご、なし、相馬牛、あさり	松川浦、霊山、相馬野馬追
二本松市	きく、きゅうり、トマト	二本松の菊人形、二本松の提灯祭り
田村市	あぶくまの天然水、トマト、清酒	あぶくま洞
南相馬市	米、ブロッコリー、野馬追グッズ	相馬野馬追
伊達市	ぶどう、りんご、天蚕	霊山
本宮市	本宮鳥骨鶏卵、とろろいも	花と歴史の郷 蛇の鼻
桑折町	もも、ぶどう、りんご	こおり桃源郷
国見町	さくらんぼ、もも	義経まつり
川俣町	川俣しゃも、絹製品	ざる菊の里
大玉村	米、とろろいも	安達太良山
鏡石町	きゅうり、いちご	岩瀬牧場
天栄村	長ねぎ、ヤーコン	ブリティッシュヒルズ
下郷町	えごま、そば、会津地鶏	大内宿、塔のへつり
檜枝岐村	そば、まいたけ、いわな	尾瀬、檜枝岐歌舞伎
只見町	山菜・トマト、そば	田子倉湖
南会津町	トマト、アスパラガス、そば	前沢曲屋集落、会津田島祇園祭
北塩原村	会津山塩、だいこん	桧原湖、五色沼、磐梯山
西会津町	桐げた、西会津張り子	鳥追観音
磐梯町	そば、はちみつ	磐梯山
猪苗代町	そば、米、トマト	野口英世記念館、十六橋水門、磐梯山
会津坂下町	立川ごんぼ、みそ、清酒	立木観音
湯川村	米、清酒	勝常寺
柳津町	グリーンアスパラ、トマト	七日堂裸詣り
三島町	桐たんす、奥会津編み組細工	ふるさと会津工人まつり
金山町	奥会津金山赤かぼちゃ、桐げた	沼沢湖
昭和村	かすみそう、からむし織	からむし工芸博物館
会津美里町	薬用にんじん、米、会津本郷焼	中田観音堂
西郷村	コルク製品、じゃがいも、しいたけ	甲子温泉、甲子大橋、新甲子遊歩道
泉崎村	はと麦製品、ランドセル	原山古墳
中島村	トマト、ブロッコリー	童里夢公園なかじま
矢吹町	トマト、米	三十三観音磨崖仏群
棚倉町	こんにゃく、いちご、ブルーベリー	棚倉城跡
矢祭町	ゆず、いちご、あゆ	滝川渓谷
塙町	さしみこんにゃく	風呂山公園
鮫川村	木炭、だいず、えごま	鹿角平観光牧場、江竜田の滝
石川町	りんご、石川牛	高田桜、母畑温泉
玉川村	さるなし、トマト	乙字ヶ滝
平田村	自然薯、清酒	山鶏滝
浅川町	米、花火	吉田富三博士記念館
古殿町	こんにゃく	越代のサクラ
三春町	三春駒、三春そうめん	三春町歴史民俗資料館、三春滝桜
小野町	黒にんにく、米、トマト	リカちゃんキャッスル
広野町	みかん、いちご、トマト	ひろの童謡まつり
楢葉町	さけ、ゆず	天神岬スポーツ公園
富岡町	漬け物、米	桜まつり
川内村	そば	天山文庫
大熊町	なし、キウイ、ひらめ	日隠山
双葉町	相馬漬け	清戸迫横穴
浪江町	なみえ焼きそば、大堀相馬焼	高瀬川渓谷
葛尾村	凍みもち、米	かつらお大尽屋敷跡公園
新地町	いちじく、かれい、こうなご	鹿狼山
飯舘村	凍みもち、トルコギキョウ	山津見神社

茨城県

市区町村	特産品	観光名所・祭りなど
水戸市	納豆、うめ、ねぎ	偕楽園、旧弘道館、水戸黄門まつり
日立市	しらす、ひたち竹人形	日立風流物
土浦市	れんこん、つくだ煮	土浦全国花火大会、大畑からかさ万灯
古河市	ばら、ほおずき、サニーレタス	古河歴史博物館
石岡市	きく、赤ねぎ、弓矢	常陸国分寺跡、石岡のおまつり
結城市	はくさい、結城紬、桐たんす	紬の里
龍ヶ崎市	トマト	撞舞
下妻市	ぶた、なし、米	筑波サーキット
常総市	ズッキーニ、メロン	常総千姫まつり
常陸太田市	かぼちゃ、ぶどう、なし、雪村うちわ	竜神峡、西山荘、金砂神社磯出大祭礼
高萩市	しいたけ、納豆、うどん	花貫渓谷
北茨城市	あんこう、しらす、しいたけ	五浦海岸、茨城県天心記念五浦美術館
笠間市	くり、なし、自然薯、笠間焼	茨城県陶芸美術館、悪態祭り
取手市	トマト	キリンビアパーク取手
牛久市	みそ、らっかせい	牛久大仏、牛久シャトー
つくば市	芝、米、ブルーベリー	筑波宇宙センター、筑波山
ひたちなか市	あんこう、干しいも	虎塚古墳、国営ひたち海浜公園
鹿嶋市	はまぐり、たこ、キャベツ	鹿島神宮、祭頭祭、鹿島アントラーズ
潮来市	米、まこも、つくだ煮、あやめ笠	水郷潮来あやめまつり
守谷市	いちご、乳製品	明治なるほどファクトリー守谷
常陸大宮市	なす、しいたけ、ねぎ、西ノ内和紙	紙のさと西ノ内和紙資料館
那珂市	かぼちゃ	茨城県きのこ博物館
筑西市	米、小玉すいか、なし、桐げた	しもだて美術館
坂東市	ねぎ、レタス	ミュージアムパーク茨城県自然博物館
稲敷市	米、かぼちゃ、れんこん、いちじく	横利根閘門
かすみがうら市	つくだ煮、なし、くり、ぶどう	霞ヶ浦
桜川市	小玉すいか、石材、真壁石燈籠	真壁祇園祭
神栖市	はまぐり、センリョウ、ピーマン	1000人画廊
行方市	さつまいも、エシャレット、しろうお	観光帆引き船
鉾田市	メロン、いちご、トマト	フォレストパーク メロンの森
つくばみらい市	米、ぶどう、みつば、トマト	綱火、間宮林蔵記念館
小美玉市	納豆、れんこん、にら、いちご	タカノフーズ納豆博物館
茨城町	しじみ、くり、メロン	涸沼自然公園
大洗町	はまぐり、かつお、さつまいも	アクアワールド茨城県大洗水族館
城里町	米、赤ねぎ、トマト	御前山
東海村	ぶどう、なし、干しいも	原子力科学館
大子町	こんにゃく、りんご、小久慈すずり	袋田の滝、八溝山

市区町村	特産品	観光名所・祭りなど
美浦村	米、マッシュルーム、わかさぎ	JRA美浦トレーニングセンター
阿見町	ヤーコン、すいか、メロン、れんこん	予科練平和記念館
河内町	米、れんこん	水と緑のふれあい公園
八千代町	はくさい、メロン、なし	八千代グリーンビレッジ
五霞町	米、やつがしら	中の島公園
境町	レタス、茶、ねぎ	桜の森パーク
利根町	米、いちご、アスパラガス	金刀比羅神社奉納相撲

栃木県

市区町村	特産品	観光名所・祭りなど
宇都宮市	いちご、かんぴょう、大谷石細工	大谷磨崖仏、大谷資料館、梵天祭り
足利市	トマト、いちご	あしかがフラワーパーク、足利学校跡
栃木市	いちご、ぶどう、栃木の線香	栃木蔵の街、三県境
佐野市	いちご、佐野ラーメン、天明鋳物	田中正造旧宅
鹿沼市	いちご、にら、鹿沼土	泣き相撲、鹿沼秋まつり
日光市	ゆば、わさび、そば、日光彫	東照宮、いろは坂、華厳滝、足尾銅山跡
小山市	二条大麦、おやま和牛、結城紬	蛇まつり（間々田のジャガマイタ）
真岡市	いちご、にら、真岡もめん	二宮尊徳資料館
大田原市	とうがらし、あゆ、与一和牛	なかがわ水遊園、与一まつり
矢板市	りんご、米	八方ヶ原のつつじ
那須塩原市	ほうれんそう、乳製品、そば	塩原温泉、那須疏水旧取水施設
さくら市	温泉なす、いちご	喜連川温泉
那須烏山市	かぼちゃ、烏山手すき和紙	龍門の滝、山あげ祭
下野市	かんぴょう、ふくべ細工	下野市立しもつけ風土記の丘資料館
上三川町	かんぴょう、にら、たまねぎ	かんぴょう収穫まつり
益子町	益子焼	益子陶器市
茂木町	しいたけ、ゆず	モビリティリゾートもてぎ
市貝町	炭、なし、アスパラガス	芝ざくら公園
芳賀町	なし、いちご	道の駅はが
壬生町	いちご、かんぴょう、おもちゃ	壬生町おもちゃ博物館
野木町	ひまわり油	野木神社提灯もみ祭り
塩谷町	しめ縄、きく、米	尚仁沢湧水
高根沢町	米、いちご、なし	御料牧場、鬼怒グリーンパーク
那須町	那須和牛、乳製品	那須岳、那須温泉郷、那須平成の森
那珂川町	温泉とらふぐ、あゆ、小砂焼	なす風土記の丘資料館

群馬県

市区町村	特産品	観光名所・祭りなど
前橋市	ぶた肉、ばら、焼きまんじゅう	ぐんまフラワーパーク、敷島公園
高崎市	高崎だるま、うめ、焼きまんじゅう	高崎白衣観音、榛名山、高崎だるま市
桐生市	ぶどう、きゅうり、桐生織	わたらせ渓谷鐵道、織物参考館・紫
伊勢崎市	ねぎ、ごぼう、伊勢崎がすり	田島弥平旧宅
太田市	いちご、ねぎ、やまといも	天神山古墳
沼田市	りんご、ぶどう、こんにゃく	吹割の滝、沼田まつり
館林市	館林うどん、しょう油、きゅうり	向井千秋記念子ども科学館
渋川市	こけし、水沢うどん、こんにゃく	伊香保温泉、金井東裏遺跡
藤岡市	冬桜りんご、みかん、藤岡鬼面瓦	高山社跡
富岡市	まいたけ、シルク製品	旧富岡製糸場、貫前神社
安中市	梅、峠の釜めし	碓氷峠鉄道文化むら、安政遠足

市区町村	特産品	観光名所・祭りなど
みどり市	トマト、なす、しいたけ	岩宿遺跡、富弘美術館
榛東村	ぶどう、ワイン、だるま	榛東村耳飾り館
吉岡町	ぶどう、トマト、まいたけ	野田宿の町並み
上野村	しいたけ、いのぶた、十石みそ	おひながゆ
神流町	みそ、こんにゃく、きのこ	神流の七滝
下仁田町	下仁田ねぎ、こんにゃく、しいたけ	荒船風穴
南牧村	こんにゃく、花いんげん	火とぼし
甘楽町	キウイ、こんにゃく、たけのこ	楽山園
中之条町	米、そば、漬け物	四万温泉、鳥追い祭
長野原町	花いんげん、キャベツ、レタス	川原湯温泉湯かけ祭り
嬬恋村	キャベツ、じゃがいも	鬼押出し、浅間山、万座温泉
草津町	花いんげん、キャベツ	草津温泉
高山村	こんにゃく、米、りんどう	ぐんま天文台
東吾妻町	りんご、にじます、こんにゃく	岩櫃城跡
片品村	とうもろこし、トマト、だいこん	尾瀬、尾瀬ケ原
川場村	米、りんご、ブルーベリー	道の駅川場田園プラザ、春駒まつり
昭和村	こんにゃくいも、レタス、ほうれんそう	長者の原コスモス畑
みなかみ町	りんご、カスタネット	水上温泉、法師温泉、ヤッサ祭り
玉村町	しゅんぎく、ブロッコリー、いちご	すみつけ祭り
板倉町	米、きゅうり、なまず料理	渡良瀬遊水地、三県境
明和町	カーネーション、なし、ぶどう	ささら舞
千代田町	米、ビール麦、植木	利根大堰
大泉町	しもん茶	ブラジリアンタウン
邑楽町	はくさい、なす、いちご	シンボルタワー「未来MiRAi」

埼玉県

市区町村	特産品	観光名所・祭りなど
さいたま市	さつまいも（赤紅）、江戸木目込人形	鉄道博物館、見沼通船堀、大宮盆栽美術館
川越市	だがし、さつまいものおかし	喜多院、川越まつり
熊谷市	小麦、ねぎ、やまといも	妻沼聖天山、熊谷うちわ祭
川口市	鋳物、植木、ぼうふう、竹釣竿	植木の里安行
行田市	行田フライ、行田ゼリー、行田足袋	埼玉古墳群・さきたま風土記の丘
秩父市	ぶどう、いちご、そば、秩父銘仙	羊山公園、中津峡、秩父夜祭
所沢市	さといも、ほうれんそう、狭山茶	トトロの森、所沢航空発祥記念館
飯能市	飯能水、茶、西川材	竹寺
加須市	硬式野球ボール、剣道着、手がき鯉のぼり	ジャンボこいのぼり遊泳、三県境
本庄市	ねぎ、きゅうり、へらぶな	塙保己一旧宅
東松山市	なし、焼き鳥、くり	埼玉県平和資料館
春日部市	麦わら帽子、押絵羽子板	首都圏外郭放水路
狭山市	狭山茶、ぶどう、さといも	狭山市入間川七夕まつり
羽生市	モロヘイヤ、武州正藍染	さいたま水族館
鴻巣市	こうのす川幅うどん、なし、ぶどう	ひなの里
深谷市	深谷ねぎ、ブロッコリー、ゆり	渋沢栄一記念館
上尾市	キウイ、なし、こまつな	平方のどろいんきょ
草加市	えだまめ、くわい、草加せんべい	草加市立歴史民俗資料館
越谷市	くわい、チューリップ、越谷ねぎ	しらこばと公園
蕨市	双子織、りんご	わらび機まつり
戸田市	はちみつ	彩湖・道満グリーンパーク
入間市	狭山茶、さといも	入間航空祭
朝霞市	にんじん、しょう油	朝霞市博物館

市区町村	特産品	観光名所・祭りなど
志木市	古代米、清酒	カッパ像めぐり
和光市	おろし金、にんじん	和光樹林公園
新座市	にんじん、ほうれんそう	野火止用水
桶川市	べにばな、しょう油	島村家住宅土蔵
久喜市	なし、いちご、つむぎうどん	土師一流催馬楽神楽
北本市	トマト	北本とまと祭り
八潮市	こまつな、白玉粉	中川やしおフラワーパーク
富士見市	かぶ、みそ、なし、トマト	水子貝塚公園
三郷市	こまつな	新三郷ららシティ
蓮田市	なし	見沼代用水
坂戸市	狭山茶、しょう油	聖天宮
幸手市	さくら製品、うなぎ	権現堂堤
鶴ヶ島市	茶、サフラン	髙倉獅子舞、脚折雨乞
日高市	くり、うど、茶、ブルーベリー	巾着田
吉川市	なまず、吉川ねぎ	なまずの里マラソン
ふじみ野市	かぶ、ほうれんそう	福岡河岸記念館
白岡市	なし	柴山沼、御成道・一里塚
伊奈町	なし、ぶどう、もも、くり	バラまつり
三芳町	さつまいも、狭山茶	こぶしの里
毛呂山町	ゆず	鎌北湖
越生町	うめ、ゆず	越生梅林、黒山三滝
滑川町	ブルーベリー、くり、ころ柿	武蔵丘陵森林公園
嵐山町	のらぼう菜	嵐山渓谷
小川町	小川和紙	埼玉伝統工芸会館、小川町七夕まつり
川島町	米、いちご、いちじく	廣徳寺大御堂
吉見町	いちご	吉見百穴
鳩山町	鳩豆うどん、鳩豆醤油	笛吹峠
ときがわ町	たけのこ、わらび、ぜんまい	堂平天文台星と緑の創造センター
横瀬町	いちご	寺坂棚田
皆野町	ぶどう、まいたけ、秩父みそ	秩父音頭まつり
長瀞町	しゃくし菜漬け	長瀞、埼玉県立自然の博物館
小鹿野町	きゅうり、なす、しゃくし菜漬け	鉄砲祭り
東秩父村	細川紙	和紙の里ひがしちちぶ、虎山の千本桜
美里町	ブルーベリー、あんず	猪俣の百八燈行事
神川町	なし、クジャクソウ	三波石峡
上里町	種子小麦、なし、きゅうり	蚕影山大祭
寄居町	みかん、ぶどう	埼玉県立川の博物館
宮代町	米、ぶどう、なし	東武動物公園
杉戸町	柿	古利根川流灯まつり
松伏町	米	大落古利根川堤の桜並木

千葉県

市区町村	特産品	観光名所・祭りなど
千葉市	らっかせい	加曽利貝塚、幕張メッセ
銚子市	いわし、キャベツ、メロン、しょう油	ヒゲタ史料館、屏風ケ浦、犬吠埼灯台
市川市	なし	現代産業科学館、法華経寺
船橋市	なし、こまつな、すずき	ふなばしアンデルセン公園
館山市	びわ、らっきょう、唐桟織	館山市立博物館
木更津市	のり、あさり、米	東京湾アクアライン・海ほたる
松戸市	なし、えだまめ、ねぎ、下総鋏	本土寺

市区町村	特産品	観光名所・祭りなど
野田市	えだまめ、しょう油、野田和樽	キッコーマンもの知りしょうゆ館
茂原市	米、ねぎ、いちご、トマト	茂原七夕まつり
成田市	うなぎ、らっかせい、さつまいも	新勝寺、宗吾霊堂、成田祇園祭
佐倉市	らっかせい、下総組ひも	国立歴史民俗博物館、武家屋敷群
東金市	いちご、金山寺みそ	八鶴湖
旭市	いわし丸干し、しらうお、マッシュルーム	刑部岬
習志野市	習志野ソーセージ、にんじん	谷津干潟自然観察センター
柏市	かぶ、ねぎ、ほうれんそう	旧吉田家住宅歴史公園
勝浦市	かつお、あじ、勝浦タンタンメン	かつうら海中公園
市原市	米、なし、いちじく、だいこん	上総国分寺跡
流山市	みりん、ねぎ、えだまめ	近藤勇陣屋跡
八千代市	なし、八千代びな	京成バラ園
我孫子市	みそ	手賀沼
鴨川市	はばのり、房州ひじき、万祝半天	鴨川シーワールド、鯛の浦、大山千枚田
鎌ケ谷市	なし	鎌ケ谷大仏
君津市	鶏卵、雨城ようじ	亀山湖
富津市	のり、あさり	マザー牧場、鋸山、潮干狩り
浦安市	焼きあさり、のり	東京ディズニーリゾート
四街道市	らっかせい	ルボン山
袖ケ浦市	らっかせい、とうもろこし、いちじく	袖ケ浦公園
八街市	らっかせい、すいか	御成街道
印西市	小玉すいか、メロン	木下万葉公園
白井市	なし、じねんじょ	滝田家住宅
富里市	すいか、なし	富里すいかWeek
南房総市	びわ、いせえび、房州うちわ	石堂寺
匝瑳市	赤ピーマン、ごぼう、米	飯高寺
香取市	米、鶏卵、佐原張子	香取神宮、佐原の町並み、神幸祭
山武市	そらまめ、すいか、いちご	成東・東金食虫植物群落
いすみ市	たこ、いせえび、米	大原はだか祭り
大網白里市	はまぐり、みりん干し	浜まつり
酒々井町	らっかせい、清酒	本佐倉城跡
栄町	黒だいず、いちご	房総のむら
神崎町	米、ばら、清酒	発酵の里こうざき 酒蔵まつり
多古町	多古米、やまといも	日本寺
東庄町	いちご、こかぶ、ぶた肉	東庄県民の森
九十九里町	いわし、はまぐり	九十九里浜
芝山町	米、すいか、にんじん	芝山町立芝山古墳・はにわ博物館
横芝光町	スイートコーン、ねぎ、米	芝山古墳群
一宮町	メロン、トマト、なし	上総十二社祭り
睦沢町	米、シクラメン	妙楽寺
長生村	アオノリ、トマト	長生観音
白子町	たまねぎ、トマト、いわし	観光地引網
長柄町	たけのこ、みそ	フォレストアドベンチャー・ターザニア
長南町	れんこん、米、じねんじょ	笠森観音
大多喜町	たけのこ、ほどいも	養老渓谷
御宿町	いせえび、あわび、さざえ	月の沙漠記念公園
鋸南町	すいせん、びわ	水仙まつり、鋸山日本寺

東京都

市区町村	特産品	観光名所・祭りなど
千代田区	江戸べっ甲	東京駅、江戸城跡、神田祭、山王祭
中央区	つくだ煮、人形焼	水天宮、旧浜離宮庭園
港区	江戸表具、江戸すだれ	東京タワー、六本木ヒルズ
新宿区	東京染小紋、東京手描き友禅	新宿御苑、東京都庁
文京区	江戸木目込人形、江戸べっ甲	東京ドームシティ、谷根千
台東区	人形焼、江戸木目込人形	浅草寺、上野公園、隅田川花火大会
墨田区	江戸押絵羽子板	東京スカイツリー、江戸東京博物館
江東区	ニット、江戸切子、江戸指物	お台場、キッザニア東京
品川区	江戸表具、東京銀器	船の科学館
目黒区	スイーツ	目黒区さんま祭り
大田区	あなご、江戸表具	羽田空港、池上本門寺
世田谷区	こまつな、大蔵だいこん	世田谷ボロ市
渋谷区	東京琴	明治神宮、代々木公園、原宿
中野区	東京手描き友禅	中野ブロードウェイ
杉並区	東京くみひも	高円寺阿波踊り
豊島区	東京銀器、江戸べっ甲	トキワ荘マンガミュージアム
北区	ごぼう、東京七宝	紙の博物館、荒川知水資料館
荒川区	東京銀器、東京七宝	汐入公園
板橋区	志村みの早生大根	植村冒険館
練馬区	だいこん、キャベツ、江戸からかみ	ちひろ美術館
足立区	きく、こまつな、江戸漆器	西新井大師
葛飾区	金町小かぶ、ねぎ、東京本染めゆかた	柴又帝釈天、水元公園
江戸川区	こまつな、金魚、江戸風鈴	葛西臨海公園
八王子市	多摩織	高尾山、高尾山火渡り祭
立川市	うど、ブロッコリー、植木	昭和記念公園
武蔵野市	うど	井の頭恩賜公園
三鷹市	キウイ、うど	三鷹の森ジブリ美術館
青梅市	うめ	青梅マラソン
府中市	こまつな、トマト	くらやみ祭
昭島市	ねぎ、村山大島紬	拝島大師、昭島市民くじら祭
調布市	深大寺そば	深大寺、深大寺だるま市
町田市	なす、トマト	こどもの国
小金井市	ルバーブ	江戸東京たてもの園
小平市	ブルーベリー、なし	玉川上水
日野市	なし、ぶどう、焼きカレーパン	多摩動物公園
東村山市	なし、さつまいも	正福寺地蔵堂
国分寺市	ブルーベリー、うど	武蔵国分寺跡
国立市	こまつな、なし、アサガオ	谷保天満宮
福生市	らっかせい、ハム	みずくらいど公園
狛江市	えだまめ、トマト	多摩川いかだレース
東大和市	狭山茶、なし	多摩湖
清瀬市	にんじん、とうもろこし	キヨセケヤキロードギャラリー
東久留米市	小麦、うめ	竹林公園、南沢獅子舞
武蔵村山市	茶、村山大島紬	村山デデラまつり
多摩市	ねぎ、ほうれんそう	サンリオピューロランド
稲城市	なし、ぶどう	よみうりランド
羽村市	米、ハムライスコロッケ	羽村取水堰
あきる野市	とうもろこし、のらぼう菜、多摩産材、軍道紙	秋川渓谷
西東京市	キャベツ	東伏見アイスアリーナ
瑞穂町	シクラメン、狭山茶、村山大島紬	だるま市
日の出町	しいたけ、トマト、木工細工	日の出山荘、鳳凰の舞
檜原村	こんにゃく、じゃがいも	払沢の滝
奥多摩町	わさび、やまめ	奥多摩湖、日原鍾乳洞、鹿島踊
大島町	つばき油、塩、くさや、あしたば	伊豆大島椿まつり
利島村	つばき油、いせえび、さざえ	つり、つばき畑
新島村	くさや、いせえび	ダイビング、羽伏浦海岸、新島の大踊
神津島村	あしたば、くさや	ダイビング、赤崎海水浴場
三宅村	いせえび、てんぐさ、あしたば	つり、ダイビング、アカコッコ館
御蔵島村	ミネラルウォーター、いせえび	イルカウォッチング
八丈町	フェニックスロベレニー、くさや、黄八丈	フリージアまつり
青ヶ島村	肉牛、島とうがらし	牛祭り
小笠原村	いせえび、パッションフルーツ	ホエールウォッチング、マリンスポーツ

神奈川県

市区町村	特産品	観光名所・祭りなど
横浜市	シューマイ、中華菓子、横浜スカーフ	みなとみらい21、赤レンガ倉庫、中華街
川崎市	なし、禅寺丸柿、パンジー	川崎大師、日本民家園
相模原市	だいず、やまといも、ゆず加工品	相模湖、相模の大凧まつり
横須賀市	たこ、湘南しらす、キャベツ、かぼちゃ	ペリー公園、観音崎
平塚市	きゅうり、トマト、ばら	湘南ひらつか七夕まつり
鎌倉市	湘南しらす、鎌倉野菜、鎌倉彫	鎌倉大仏、鶴岡八幡宮、円覚寺
藤沢市	湘南しらす、湘南はまぐり	新江ノ島水族館、江の島
小田原市	かまぼこ、干物、みかん、小田原漆器	曽我梅林、小田原北條五代まつり
茅ヶ崎市	釜揚げしらす、たたみいわし	浜降祭
逗子市	わかめ、釜揚げしらす	逗子マリーナ
三浦市	まぐろ、だいこん、すいか、キャベツ	城ヶ島、チャッキラコ
秦野市	らっかせい、そば、カーネーション	瓜生野百八松明
厚木市	あゆ、なし、いちご	ぼうさいの丘公園
大和市	おかし	神奈川大和阿波おどり
伊勢原市	ぶどう、なし、大山こま	大山阿夫利神社
海老名市	いちご、スイートピー	相模国分寺跡
座間市	やまといも、米、うどん	大凧まつり
南足柄市	みかん、足柄茶、相州牛	大雄山最乗寺、足柄金太郎まつり
綾瀬市	とうもろこし、高座豚	綾瀬イルミネーション
葉山町	しらす、葉山牛、水なす	森戸大明神
寒川町	スイートピー、カーネーション	寒川神社
大磯町	みかん、赤たまねぎ	相模国府祭
二宮町	らっかせい、オリーブ、みかん	川勾神社
中井町	足柄茶、みかん	五所八幡宮例大祭
大井町	みかん、だいこん、茶	大井よさこいひょうたん祭
松田町	丹沢大山茶、みかん	最明寺史跡公園
山北町	ゆず、にんにく、すっぽん加工品	丹沢湖、山北のお峰入り
開成町	さといも、みかん、いちじく	あしがり郷瀬戸屋敷
箱根町	わかさぎ、箱根寄木細工	芦ノ湖、箱根関跡、大涌谷、箱根湿生花園
真鶴町	本小松石、みかん	貴船まつり
湯河原町	干物、みかん	湯河原温泉
愛川町	鶏卵、ぶどう、半原のぬい糸	宮ヶ瀬ダム
清川村	みそ、じねんじょ	宮ヶ瀬湖

新潟県

市区町村	特産品	観光名所・祭りなど
新潟市	米、なし、すいか、チューリップ	萬代橋、白根大凧合戦
長岡市	米菓、にしきごい、越後与板打物	国営越後丘陵公園、長岡まつり
三条市	さつまいも、ぶどう、越後三条打刃物	三条鍛冶道場、下田郷資料館
柏崎市	米、えだまめ、いちご、山菜	えんま市、ぎおん柏崎まつり
新発田市	米、アスパラガス、いちご、清酒	新発田城、城下町新発田まつり
小千谷市	へぎそば、にしきごい、小千谷ちぢみ	ほんやら洞まつり、片貝まつり
加茂市	なし、ル・レクチェ、加茂桐たんす	加茂山公園
十日町市	米、きのこ、十日町がすり	清津峡、十日町雪まつり
見附市	ニット、れんこん、六角大凧	見附今町・長岡中之島大凧合戦
村上市	さけ、天然塩、村上牛、村上木彫堆朱	瀬波温泉、笹川流れ、村上大祭
燕市	金属洋食器、なす、燕鎚起銅器	燕市産業史料館
糸魚川市	南蛮えび、べにずわいがに、なす	糸魚川ジオパーク、糸魚川けんか祭り
妙高市	米、トマト、かんずり	妙高山、いもり池
五泉市	さといも、チューリップ、ニット製品	咲花温泉、阿賀野川ライン雪見舟
上越市	米、そば、きくいも	春日山城跡、高田城、謙信公祭
阿賀野市	米、牛乳、いちご、白なす	瓢湖
佐渡市	米、おけさ柿、ル・レクチェ、ぶり	尖閣湾、トキの森公園、佐渡おけさ
魚沼市	米、ゆり、山菜	尾瀬、魚沼国際雪合戦大会
南魚沼市	米、すいか、しいたけ、塩沢つむぎ	鈴木牧之記念館、石川雲蝶彫刻めぐり
胎内市	米粉、ねぎ、チューリップ	米粉フェスタinたいない
聖籠町	ぶどう、さくらんぼ、なし	聖籠マリンフェスタ
弥彦村	米、えだまめ	彌彦神社、弥彦燈籠まつり
田上町	もも、うめ、たけのこ	湯田上温泉
阿賀町	米、きのこ、じねんじょ	つがわ狐の嫁入り行列
出雲崎町	米、紙風船	良寛記念館
湯沢町	そば、野沢菜、清酒	苗場スキー場、越後湯沢温泉
津南町	米、ゆり(カサブランカ)、きのこ	苗場山麓ジオパーク、龍ヶ窪、苗場山
刈羽村	米、もも	刈羽村ふるさとまつり
関川村	ねこちぐら、生しいたけ	えちごせきかわ大したもん蛇まつり
粟島浦村	わっぱ煮、たい、じゃがいも	粟島浦村資料館

富山県

市区町村	特産品	観光名所・祭りなど
富山市	ますのすし、しろえび、米、越中和紙	富岩運河環水公園、越中八尾おわら風の盆
高岡市	たけのこ、かまぼこ、高岡銅器	高岡大仏、瑞龍寺、高岡御車山祭
魚津市	ほたるいか、べにずわいがに、りんご	魚津埋没林博物館、たてもん祭り
氷見市	ぶり、うどん、氷見牛、竹細工	氷見市潮風ギャラリー
滑川市	ほたるいか、深層水	ほたるいかミュージアム
黒部市	米、丸いも、みそ	宇奈月温泉、黒部峡谷
砺波市	チューリップ、米、庄川挽物木地	砺波チューリップ公園
小矢部市	米、ばら、さといも	桜町遺跡、クロスランドおやべ
南砺市	干し柿、五箇山どうふ、井波彫刻	五箇山合掌造り集落、城端曳山祭
射水市	しろえび、ずわいがに、ぶり、なし	海王丸パーク、越中だいもん凧まつり
舟橋村	蓮人形、米	京坪川の桜並木
上市町	米、さといも、しょうが	剱岳、大岩山日石寺
立山町	立山の水、そば、立山ひょうたん	黒部ダム、立山黒部アルペンルート
入善町	チューリップ、ジャンボすいか	入善海洋深層水パーク
朝日町	ひすい、アスパラガス	ヒスイ海岸

石川県

市区町村	特産品	観光名所・祭りなど
金沢市	加賀友禅、金沢箔	金沢城、兼六園、武家屋敷跡、21世紀美術館
七尾市	かき、七尾仏壇	和倉温泉、青柏祭、石崎奉燈祭
小松市	トマト、うどん、米	粟津温泉、那谷寺、サイエンスヒルズこまつ
輪島市	あわび、さざえ、ふぐ、輪島塗	白米の千枚田、輪島の朝市、名舟大祭
珠洲市	塩、米、珪藻土コンロ	塩田、宝立七タキリコまつり
加賀市	なし、岩がき、かに、山中漆器	山代温泉、山中温泉、石川県九谷焼美術館
羽咋市	米、すいか、ぶどう	気多大社、宇宙科学博物館コスモアイル羽咋
かほく市	すいか、だいこん、さつまいも	うみっこらんど七塚
白山市	米、なし、ねぎ、牛首つむぎ	白山比咩神社、手取峡谷、白山
能美市	ゆず、丸いも、九谷焼	能美古墳群
野々市市	キウイ、ヤーコン	御経塚遺跡
川北町	いちじく、富有柿、加賀雁皮紙	川北まつり
津幡町	米、そば、まこもだけ	倶利伽羅公園
内灘町	牛乳、こまつな、らっきょう	内灘大橋
志賀町	能登牛、ずわいがに、すいか	富木八朔祭礼
宝達志水町	宝達くず、サンゴモズキ、いちじく	千里浜なぎさドライブウェイ
中能登町	米、ねぎ、かぼちゃ	雨の宮古墳群
穴水町	すいか、くり、しいたけ	長谷部まつり
能登町	ぶり、いしり、能登牛	春蘭の里、真脇遺跡、あばれ祭

福井県

市区町村	特産品	観光名所・祭りなど
福井市	米、すいか、越前おろしそば	一乗谷朝倉氏遺跡、福井県立歴史博物館
敦賀市	おぼろ昆布、ふぐ、越前がに	気比の松原、とうろう流しと大花火大会
小浜市	へしこ、かれい、若狭めのう細工	蘇洞門、明通寺、お水送り
大野市	さといも、穴馬かぶら	七間朝市、九頭竜峡、九頭竜湖
勝山市	勝山水菜、さといも	福井県立恐竜博物館
鯖江市	めがねフレーム、越前漆器	西山公園
あわら市	すいか、メロン、越のルビー	あわら温泉春祭り、あわら温泉
越前市	すいか、越前和紙、越前打刃物	越前和紙の里、たけふ菊人形
坂井市	らっきょう、越前がに、越前竹人形	東尋坊、丸岡城、越前竹人形の里
永平寺町	永平寺ごまどうふ、あゆ、禅みそ	永平寺
池田町	そば、越前かんたけ	ツリーピクニックアドベンチャーいけだ
南越前町	越前がに、うめ、はす	南条花はす公園
越前町	越前がに、かれい、越前焼	越前岬
美浜町	へしこ、ふぐ	日向の綱引き行事
高浜町	五色貝、ぶどう	若狭和田ビーチ
おおい町	うめ、自然薯、若狭パール	若狭おおいのスーパー大火勢
若狭町	うめ、ふぐ、かに	三方五湖、瓜割の滝、鳥浜貝塚

山梨県

市区町村	特産品	観光名所・祭りなど
甲府市	ぶどう、なし、甲州水晶貴石細工	武田神社、石和温泉、信玄公祭り
富士吉田市	うどん、甲州織物	富士山、富士急ハイランド、吉田の火祭
都留市	水かけ菜、にんにく、わさび	山梨県立リニア見学センター
山梨市	ぶどう、もも、さくらんぼ	西沢渓谷、笛吹川フルーツ公園
大月市	うこん、甲斐絹	猿橋、星野家住宅

市区町村	特産品	観光名所・祭りなど
韮崎市	もも、ぶどう	新府桃源郷
南アルプス市	シクラメン、もも、甲州鬼面瓦	北岳、安藤家住宅、十日市
北杜市	米、だいこん、りんご、干し柿	八ヶ岳、清里高原、山梨県フラワーセンター
甲斐市	うめ、ワインビーフ、やはたいも	昇仙峡、信玄堤
笛吹市	もも、ぶどう、すもも	釈迦堂遺跡、笛吹市桃源郷春まつり
上野原市	せいだのたまじ、山菜	坪山、無生野の大念仏
甲州市	ぶどう、もも、ワイン	恵林寺、ぶどうの国文化館、大善寺
中央市	スイートコーン、トマト	山の神千本桜
市川三郷町	甲州手彫印章、市川大門手漉和紙	歌舞伎文化公園、神輿の川渡り
富士川町	ゆず、西洋なし、雨畑すずり	大法師公園
早川町	こんにゃく、きのこ、雨畑すずり	見神の滝、間ノ岳、農鳥岳
身延町	ゆば、しいたけ、西嶋和紙	身延山久遠寺、本栖湖、下部温泉郷
南部町	茶、たけのこ、しょうが	南部の火祭り
昭和町	なす、いちご	義清神社
道志村	クレソン、こんにゃく	的様の滝
西桂町	ミネラルウォーター、甲州織	三ツ峠の屏風岩
忍野村	そば、とうもろこし	山梨県立富士湧水の里水族館
山中湖村	わかさぎ、コスモス	山中湖花の都公園、山中湖
鳴沢村	キャベツ、とうもろこし	鳴沢氷穴
富士河口湖町	山菜、大石つむぎ	河口湖、西湖、精進湖、本栖湖、富岳風穴
小菅村	きのこ、そば、わさび	白糸の滝
丹波山村	山菜、わさび、やまめ	お松引き

長野県

市区町村	特産品	観光名所・祭りなど
長野市	りんご、そば、おやき	善光寺、松代藩真田十万石まつり
松本市	すいか、りんご、信州紬	乗鞍岳、上高地、松本城、旧開智学校
上田市	りんご、上田紬	美ヶ原高原、別所温泉、上田城
岡谷市	みそ、絹織物	岡谷蚕糸博物館
飯田市	水引、市田柿、りんご	天竜峡
諏訪市	かりん、みそ、わかさぎ	霧ヶ峰高原、諏訪大社、諏訪大社御柱祭
須坂市	もも、ぶどう、りんご、みそ	米子大瀑布
小諸市	白土ばれいしょ、りんご	浅間山、小諸城址懐古園
伊那市	りんご、なし、アスパラガス	高遠城趾公園、仲仙寺
駒ヶ根市	そば、まつたけ、あゆ	千畳敷カール
中野市	りんご、ぶどう、えのきだけ	中山晋平記念館
大町市	りんご、おざんざ、ハサイダー	槍ヶ岳、大町温泉郷、塩の道祭り
飯山市	飯山仏壇、内山紙	斑尾高原
茅野市	寒天、セロリ、だいこん	八ヶ岳、蓼科高原、尖石縄文考古館
塩尻市	ぶどう、ワイン、木曽漆器	木曽くらしの工芸館
佐久市	プルーン、もも、こい、そば	龍岡城跡、旧中込学校
千曲市	あんず、そば、山菜	あんずの里、森将軍塚古墳館
東御市	ぶどう、スイートコーン	海野宿
安曇野市	わさび、りんご、にじます	国営アルプスあづみの公園
小海町	はくさい、レタス、キャベツ	白駒の池、小海町高原美術館
佐久穂町	プルーン、きく、カーネーション	八千穂高原、古谷渓谷
川上村	レタス、いわな	千曲川源流、大深山遺跡
南牧村	レタス、キャベツ	野辺山高原
南相木村	レタス、きく、まつたけ	立原高原、おみかの滝、滝見の湯
北相木村	はくさい、キャベツ、まつたけ	三滝山、三滝

市区町村	特産品	観光名所・祭りなど
軽井沢町	軽井沢彫、信州牛	旧軽井沢銀座、白糸の滝
御代田町	レタス、キャベツ	浅間縄文ミュージアム、龍神まつり
立科町	米、りんご、レタス	女神湖、白樺高原
長和町	だったんそば、りんご	美ヶ原高原、和田峠
青木村	そば、きのこ	大法寺三重塔
下諏訪町	りんご、寒天	諏訪大社下社、下諏訪宿
富士見町	ルバーブ、そば	入笠湿原
原村	セロリ、ほうれんそう	八ヶ岳、八ヶ岳自然文化園
辰野町	りんご、すいか	松尾峡、ほたる童謡公園
箕輪町	赤そば、かりん	赤そばの里、萱野高原
飯島町	アルストロメリア	飯島陣屋、飯島町米俵マラソン
南箕輪村	白ねぎ、米、カーネーション	大芝高原
中川村	りんご、なし、ぶどう、市田柿	ハチ博物館
宮田村	とうふ、ワイン	木曽駒ヶ岳
松川町	なし、りんご、ブルーベリー	台城(大島公園)、りんご狩り
高森町	市田柿、りんご、なし	不動滝、大島山の獅子舞
阿南町	あまご、しいたけ、小うめ	深見の池、新野の盆踊り
阿智村	なし、りんご、とうもろこし	富士見台高原
平谷村	とうもろこし	ひまわり畑
根羽村	根羽すぎ、とうもろこし	茶臼山高原
下條村	親田辛味大根	極楽峠、下條歌舞伎
売木村	米、とうもろこし、トマト	茶臼山高原
天龍村	中井侍銘茶、ゆず	中井侍の茶畑
泰阜村	こんにゃく、あまご	樽木踊り
喬木村	まつたけ、いちご	椋鳩十記念館
豊丘村	まつたけ、りんご、もも	蛇川渓谷
大鹿村	ジビエ、山塩、ブルーベリー	大鹿歌舞伎
上松町	木曽ひのき、えごま	寝覚の床、赤沢自然休養林
南木曽町	南木曽ねこ、南木曽ろくろ細工	妻籠、田立の花馬祭り
木曽町	山菜、そば、木曽漆器	木曽駒ヶ岳、開田高原、御嶽山
木祖村	はくさい、とうもろこし、お六櫛	奥木曽湖
王滝村	百草、王滝かぶ、そば	御嶽山
大桑村	そば、木曽牛	阿寺渓谷
麻績村	りんご、米、おやき	聖高原
生坂村	ぶどう、おやき	スカイスポーツ公園
山形村	ながいも、そば、長ねぎ	慈眼山清水寺、双体道祖神
朝日村	長いも、ねずこげた	もくもく体験館(炭焼き体験)
筑北村	キャベツ、はくさい	修那羅石仏群
池田町	ハーブ、くわ茶	北アルプス展望美術館
松川村	みそ、米、りんご	安曇野ちひろ美術館
白馬村	ブルーベリー、白馬紫米	白馬、塩の道祭り
小谷村	そば、わら細工	栂池高原、戸隠高原
坂城町	ねずみだいこん、おしぼりうどん	鉄の展示館、さかき千曲川バラ公園
小布施町	くり、りんご	岩松院
高山村	りんご、そば、りんどう	松川渓谷
山ノ内町	そば、ろくろ細工、ねこつぐら	志賀高原、地獄谷野猿公苑
木島平村	米、きのこ、ズッキーニ	馬曲温泉
野沢温泉村	野沢菜、みそ	野沢温泉、野沢温泉の道祖神祭り
信濃町	そば、ブルーベリー	黒姫童話館、野尻湖ナウマンゾウ博物館
飯綱町	りんご、米、もも	飯綱高原、霊仙寺湖
小川村	おやき、そば	アルプス展望広場

市区町村	特産品	観光名所・祭りなど
栄村	内山和紙、桐げた	秋山郷保存民家

岐阜県

市区町村	特産品	観光名所・祭りなど
岐阜市	あゆ、岐阜提灯、岐阜うちわ	岐阜城、長良川鵜飼開き
大垣市	ヒノキのます、水まんじゅう	大垣城、大垣まつり
高山市	赤かぶ、飛騨牛、飛騨春慶	高山陣屋跡、乗鞍岳、奥飛騨温泉郷、高山祭
多治見市	いちご、ブルーベリー、美濃焼	多治見市美濃焼ミュージアム
関市	あゆ、うなぎ、関伝日本刀	岐阜県博物館
中津川市	トマト、シクラメン、栗きんとん	馬籠宿、中津川市鉱物博物館
美濃市	富有柿、あゆ、美濃和紙	美濃和紙の里会館
瑞浪市	ぶた肉、美濃焼	サイエンスワールド
羽島市	米、れんこん	竹鼻祭り
恵那市	くり、寒天	恵那峡、日本大正村、中山太鼓
美濃加茂市	堂上蜂屋柿(干し柿)、なし	ぎふ清流里山公園、太田宿
土岐市	うどん、美濃焼	土岐市美濃陶磁歴史館、織部の里公園
各務原市	にんじん、各務原キムチ	かかみがはら航空宇宙博物館
可児市	さといも、だいず	花フェスタ記念公園
山県市	にんにく、くり、干し柿	香り会館
瑞穂市	米、富有柿、なし	伊久良河宮跡
飛騨市	飛騨牛、りんご、古川和ろうそく	飛騨古川の町並み、古川祭
本巣市	富有柿、いちご	根尾谷淡墨ザクラ、真桑人形浄瑠璃
郡上市	あゆ、食品サンプル、郡上紬	郡上おどり
下呂市	飛騨牛、トマト、木工品	小坂の滝、下呂温泉
海津市	米、トマト、みかん	千本松原、海津市歴史民俗資料館
岐南町	徳田ねぎ	旧宮川家住宅
笠松町	おかし	円城寺芭蕉踊
養老町	ひょうたん、米	養老の滝
垂井町	和菓子、はちみつ	南宮大社
関ヶ原町	茶	関ヶ原古戦場跡、不破関跡
神戸町	ばら、こまつな、ねぎ	神戸町日比野五鳳記念美術館
輪之内町	米、ミニバラ	輪中文化財
安八町	うどん	安八百梅園
揖斐川町	茶、あゆ	谷汲山華厳寺、谷汲踊り
大野町	富有柿、ばら苗	大野町バラ公園
池田町	茶、ゴキブリ殺虫剤	霞間ヶ渓、池田温泉
北方町	おかし(みょうがぼち)	円鏡寺
坂祝町	トマト、美濃焼瓦	日本ラインロマンチック街道、坂祝神社
富加町	黒米加工品、みそ	半布里遺跡
川辺町	いちご、しいたけ	川辺漕艇場
七宗町	川魚加工品、茶	日本最古の石博物館
八百津町	茶、まつたけ、あゆ	杉原千畝記念館
白川町	白川茶、にしきごい、トマト	飛水峡
東白川村	東濃ひのき、ひがし白川茶	つちのこフェスタ
御嵩町	みそ、みたけ華ずし	鬼岩公園
白川村	石とうふ、きくらげ	白川郷、荘川ザクラ

静岡県

市区町村	特産品	観光名所・祭りなど
静岡市	さくらえび、茶、みかん、駿河雛具	三保松原、久能山東照宮、登呂遺跡
浜松市	ガーベラ、うなぎ、浜松注染そめ	浜名湖、舘山寺温泉、浜松まつり
沼津市	あじの干物、たかあしがに	伊豆・三津シーパラダイス、大瀬まつり
熱海市	干物、みかん	熱海温泉、MOA美術館
三島市	じゃがいも、三島コロッケ	三島スカイウォーク
富士宮市	にじます、富士宮やきそば	富士山、富士山本宮浅間大社、白糸ノ滝
伊東市	干物、みかん	大室山、城ヶ崎、伊豆シャボテン動物公園
島田市	茶、ばら、レタス、志戸呂焼	島田宿大井川川越遺跡、蓬莱橋
富士市	紙製品、しらす、キウイ	富士まつり
磐田市	メロン、茶	見付天神裸祭
焼津市	まぐろ、かつお、焼津弓道具	藤守の田遊び、焼津神社大祭荒祭
掛川市	茶、ばら	掛川大祭
藤枝市	茶、しいたけ、藤枝桐たんす	玉露の里、蓮華寺池公園
御殿場市	そば、わさび、米	御殿場プレミアム・アウトレット
袋井市	メロン、茶、遠州鬼瓦	法多山万灯祭
下田市	いせえび、きんめだい	白浜海水浴場、黒船祭
裾野市	いちご、やまといも	富士サファリパーク、須山浅間神社
湖西市	うなぎ、あさり、みかん	浜名湖、新居関跡、諏訪神社奉納煙火
伊豆市	わさび、しいたけ	修善寺温泉、天城山隧道、恋人岬
御前崎市	茶、いちご、メロン	御前埼灯台、浜岡砂丘
菊川市	茶、メロン	倉沢の棚田
伊豆の国市	いちご、みかん	韮山反射炉、伊豆パノラマパーク
牧之原市	茶、ガーベラ、かすみそう	グリンピア牧之原、静波海岸
東伊豆町	きんめだい、いせえび	稲取温泉
河津町	カーネーション、わさび	河津桜、河津七滝
南伊豆町	いせえび、さざえ、メロン	石廊崎
松崎町	川のり、わさび、桜葉	旧岩科学校校舎
西伊豆町	かつお節、カーネーション	堂ヶ島天窓洞、黄金崎
函南町	すいか、牛乳、熱海楠細工	十国峠、酪農王国オラッチェ
清水町	富士山百年水、こうじ	柿田川湧水
長泉町	メロン、クレマチス	井上靖文学館
小山町	米、わさび、水かけ菜	富士スピードウェイ、富士浅間神社
吉田町	うなぎ、しらす	吉田公園
川根本町	川根茶、しいたけ	寸又峡、徳山の盆踊
森町	茶、レタス、森山焼	小國神社、天宮神社十二段舞楽

愛知県

市区町村	特産品	観光名所・祭りなど
名古屋市	名古屋コーチン、有松・鳴海しぼり	名古屋城、徳川美術館、東山動植物園
豊橋市	キャベツ、大葉、洋らん、豊橋筆	表浜海岸、豊橋鬼祭
岡崎市	八丁味噌、岡崎石工品	岡崎城
一宮市	毛織物、なす	一宮七夕まつり
瀬戸市	瀬戸染付焼	愛知県陶磁美術館、せともの祭
半田市	酢、八丁味噌、しょう油	新美南吉記念館、亀崎潮干祭
春日井市	サボテン、もも、ぶどう	二子山公園
豊川市	シクラメン、ばら、いちご	豊川稲荷
津島市	米、いちご、げた	尾張津島天王祭
碧南市	たまねぎ、カーネーション	九重みりん時代館

市区町村	特産品	観光名所・祭りなど
刈谷市	すいか、だいこん、はくさい	万燈祭
豊田市	自動車、なし、もも、茶	三州足助屋敷
安城市	米、いちじく	安城産業文化公園デンパーク
西尾市	カーネーション、うなぎ、あさり、西尾の抹茶	三河一色大提灯まつり
蒲郡市	みかん、あさり、三河木綿	ラグーナテンボス
犬山市	もも、犬山焼	犬山城、日本モンキーパーク、博物館明治村
常滑市	あさり、のり、常滑焼	やきもの散歩道
江南市	ねぎ、ポインセチア	フラワーパーク江南
小牧市	もも、いちじく、ぶどう	小牧山
稲沢市	植木、苗木、ぎんなん	国府宮はだか祭り
新城市	茶、柿、うめ、トマト	鳳来寺山、長篠合戦のぼりまつり
東海市	ふき、洋らん、えびせんべい	聚楽園大仏
大府市	ぶどう、山いも、ジャンボなし	大倉公園
知多市	たまねぎ、うめ、キンカン、ふき	新舞子マリンパーク
知立市	三河仏壇	八橋かきつばた園、知立まつり
尾張旭市	日の丸すいか、いちじく、プチヴェール	愛知県森林公園
高浜市	かわら	高浜市やきものの里かわら美術館
岩倉市	名古屋コーチン	岩倉自然生態園
豊明市	米、だいず、はくさい	桶狭間古戦場伝説地
日進市	プチヴェール、いちご	レトロでんしゃ館
田原市	キャベツ、メロン、電照ぎく	伊良湖菜の花ガーデン、恋路ヶ浜
愛西市	れんこん、いちご、金魚	木曽三川公園
清須市	かぼちゃ、だいこん	清洲城
北名古屋市	ねぎ、いちじく	昭和日常博物館
弥富市	米、白いちじく、金魚、うなぎ	金魚日本一大会
みよし市	柿、なし、ぶどう	三好池まつり
あま市	ねぎ、水菜、尾張七宝	甚目寺観音
長久手市	いちご	トヨタ博物館、ジブリパーク
東郷町	いちじく、はくさい	愛知池
豊山町	どじょう	神明公園
大口町	ポインセチア	小口城址公園
扶桑町	守口だいこん、ごぼう	長泉塚古墳
大治町	米、赤しそ、ほうれんそう	明眼院
蟹江町	いちじく、いなまんじゅう	須成祭
飛島村	金魚、ねぎ	藤前干潟、名港西大橋
阿久比町	うめ、レンゲ米	花かつみ園
東浦町	ぶどう、ミニトマト	入海貝塚
南知多町	いちご、みかん、あわび	豊浜鯛まつり
美浜町	みかん、のり、あさり、えびせんべい	南知多ビーチランド
武豊町	みそ、しょう油	みそ蔵
幸田町	彦左人形、筆柿、いちご	幸田彦左まつり
設楽町	ジビエ、こんにゃく	津具花祭り
東栄町	若どり、あゆ、ジビエ	蔦の渕
豊根村	トマト、茶、ゆず、あゆ	茶臼山高原スキー場、花祭

三重県

市区町村	特産品	観光名所・祭りなど
津市	津ぎょうざ、伊勢形紙	榊原温泉、三重県総合博物館
四日市市	かぶせ茶、四日市萬古焼	四日市公害と環境未来館、鳥出神社の鯨船行事
伊勢市	伊勢うどん、伊勢玩具	伊勢神宮、二見浦、かんこ踊り

市区町村	特産品	観光名所・祭りなど
松阪市	松阪牛、茶、松阪木綿	本居宣長旧宅(鈴屋)、初午大祭
桑名市	はまぐり、鋳物、サンダル	ナガシマスパーランド、石取祭
鈴鹿市	茶、伊勢形紙	鈴鹿サーキット
名張市	あゆ、ぶどう	赤目四十八滝、日本サンショウウオセンター
尾鷲市	干物、かつお生節、尾鷲わっぱ	三重県立熊野古道センター
亀山市	ろうそく、茶、じねんじょ	亀山城跡、亀山市歴史博物館
鳥羽市	いせえび、あわび、真珠製品	ミキモト真珠島、鳥羽水族館
熊野市	那智黒石、干物、さんま、みかん	鬼ヶ城、花窟神社、丸山千枚田
いなべ市	地張り提灯	いなべ市農業公園
志摩市	いせえび、かき、ふぐ、あわび	志摩スペイン村
伊賀市	米、伊賀牛、伊賀焼、伊賀組ひも	伊賀上野城、伊賀流忍者博物館
木曽岬町	トマト、米、のり	鍋田川堤桜並木
東員町	鋳物	猪名部神社上げ馬神事
菰野町	まこもだけ	御在所山、僧兵まつり
朝日町	米、シクラメン	八王子祭
川越町	かまぼこ、清酒	川越電力館テラ46
多気町	伊勢いも、茶、松坂牛	高校生レストラン「まごの店」
明和町	伊勢ひじき、黒のり、あさり	斎宮跡、斎宮歴史博物館
大台町	茶、あゆ、木工品	北畠史跡公園
玉城町	松阪牛、かき、米	田丸城跡
度会町	伊勢茶、いちご、ブルーベリー	久具都比売神社
大紀町	あゆ、しいたけ、乳製品	皇大神宮別宮瀧原宮
南伊勢町	いせえび、まぐろ、みかん	相賀ニワ浜
紀北町	かつお、マンボウ、尾鷲ひのき	馬越峠、ツヅラト峠
御浜町	みかん、ポンカン、市木木綿	七里御浜
紀宝町	米、うめ、釜揚げしらす	熊野古道

滋賀県

市区町村	特産品	観光名所・祭りなど
大津市	金時にんじん、米、大津絵	石山寺、延暦寺、近江神宮
彦根市	近江牛、なし、彦根仏壇	彦根城、鳥人間コンテスト
長浜市	メロン、ぶどう、浜ちりめん	長浜城、竹生島、長浜曳山まつり
近江八幡市	近江牛、淡水真珠、赤こんにゃく	安土城跡、水郷めぐり、左義長まつり
草津市	米、メロン、草津あおばな	草津宿跡地公園、滋賀県立琵琶湖博物館
守山市	湖魚製品、つづれ織り	もりやまエコパークバラ園、すし切り祭り
栗東市	いちじく、もも、メロン	栗東歴史民俗博物館、小杖祭り
甲賀市	茶、信楽焼	甲賀の里忍術村、滋賀県立陶芸の森陶芸館
野洲市	茶、手のべそうめん、神輿	銅鐸博物館、三上山
湖南市	なす、近江下田焼、近江木綿正藍染	常楽寺、鬼ばしり
高島市	高島扇骨、高島ちぢみ	メタセコイア並木、大溝祭
東近江市	ほんもろこ、梵鐘	滋賀県平和祈念館、雪野山歴史公園
米原市	赤かぶ、干し柿、上丹生木彫	伊吹山、鍋冠祭り、中山道醒井宿
日野町	日野菜、近江牛、茶	石塔寺、近江日野商人ふるさと館
竜王町	米、近江牛、あわびだけ	鏡の里元服式、ケンケト祭
愛荘町	近江上布、愛知川びん細工手まり	愛知川びんてまりの館、金剛輪寺
豊郷町	かぼちゃ、いちご	伊藤忠兵衛記念館、豊郷小学校旧校舎群
甲良町	米、ゆず	おはなおどり
多賀町	そば、にんじん	河内の風穴、多賀大社万灯祭

京都府

市区町村	特産品	観光名所・祭りなど
京都市	京漬け物、西陣織、京友禅	鹿苑寺、龍安寺、慈照寺、清水寺、東寺、葵祭、祇園祭、京都五山送り火、時代祭
福知山市	たけのこ、くり、まつたけ	福知山城、日本の鬼の交流博物館
舞鶴市	かに、岩がき、万願寺甘とう	舞鶴引揚記念館、赤れんが博物館
綾部市	まつたけ、賀茂なす、黒谷和紙	あやベグンゼスクエア、光明寺
宇治市	茶、ブロッコリー、京組ひも	平等院鳳凰堂、宇治上神社
宮津市	あさり、とり貝、岩がき、ちくわ	天橋立、宮津燈籠流し
亀岡市	あずき、くり、たけのこ	保津川下り
城陽市	うめ、いちじく、茶、京仏壇・京仏具	近藤家の住宅
向日市	たけのこ、なす、ポインセチア	長岡宮跡
長岡京市	たけのこ、なす、花菜	長岡天満宮
八幡市	茶、たけのこ、八幡巻き	石清水八幡宮
京田辺市	茶、たけのこ、なす、一休納豆	酬恩庵一休寺
京丹後市	間人がに、かき、丹後ちりめん	琴引浜、小天橋、間人みなと祭
南丹市	紫ずきん、まつたけ、くり	かやぶきの里、琉璃渓
木津川市	宇治茶、なす、いちじく、ぶどう	浄瑠璃寺、きっづ光科学館ふぉとん
大山崎町	たけのこ、なす、ばら	天王山、離宮八幡宮
久御山町	淀だいこん、にんじん、こまつな	佐山「浜台の浜茶」、上津屋橋
井手町	宇治茶、たけのこ、みかん	玉川、山背古道
宇治田原町	宇治茶、干し柿、しいたけ	永谷宗円生家、猿丸神社
笠置町	宇治茶、きくらげ、ゆず	笠置山
和束町	和束茶	茶畑
精華町	宇治茶、えびいも、青とうがらし	国立国会図書館関西館
南山城村	宇治茶、しいたけ、ブルーベリー	田山の花踊り
京丹波町	まつたけ、くり、はたけしめじ	琴滝
伊根町	ぶり、岩がき	伊根の舟屋
与謝野町	米、丹後ちりめん	丹後ちりめん歴史館

大阪府

市区町村	特産品	観光名所・祭りなど
大阪市	大阪欄間、大阪浪華錫器	大阪城、ユニバーサル・スタジオ・ジャパン、天神祭、天満天神繁昌亭、あべのハルカス
堺市	米、線香、自転車、堺打刃物	大仙古墳、堺刃物ミュージアム
岸和田市	水なす、もも、大阪泉州桐たんす	岸和田だんじり祭り
豊中市	電気機械器具	日本民家集落博物館
池田市	植木、清酒	カップヌードルミュージアム大阪池田
吹田市	吹田くわい	万博記念公園、国立民族学博物館
泉大津市	毛布、ニット、毛織物	池上曽根遺跡
高槻市	よしず、トマト、しいたけ、白うり	摂津峡公園
貝塚市	みつば、しゅんぎく、水なす、和泉櫛	孝恩寺観音堂
守口市	乾電池、守口だいこん	文禄堤
枚方市	ぶどう(デラウェア)	ひらかたパーク
茨木市	三島うど、龍王みそ、赤しそ	川端康成文学館
八尾市	若ごぼう、えだまめ、河内木綿	コンペイトウミュージアム
泉佐野市	タオル製品、水なす、たこ	りんくうタウン
富田林市	きゅうり、なす、大阪金剛すだれ	富田林の寺内町
寝屋川市	大葉、さつまいも	石宝殿古墳
河内長野市	もも、つまようじ、すだれ、鋳物	関西サイクルスポーツセンター

市区町村	特産品	観光名所・祭りなど
松原市	金網、真珠核、トマト、えだまめ	大塚山古墳
大東市	義肢装具、パチンコ玉	深北緑地
和泉市	みかん、いちご、いずみパール	大阪府立弥生文化博物館
箕面市	ゆず、びわ、山椒、炭	箕面公園
柏原市	ぶどう、みかん、ゆかた	柏原市立歴史資料館、ぶどう観光農園
羽曳野市	ぶどう(デラウェア)、ワイン、いちじく	古市古墳群
門真市	れんこん、家電製品	大阪府立門真スポーツセンター
摂津市	鳥飼なす、大阪欄間	新幹線公園
高石市	水なす、貝細工	大阪ガス科学館
藤井寺市	いちじく、道明寺糒、小山うちわ	古市古墳群
東大阪市	ブラシ、大阪唐木指物	ドリーム21、司馬遼太郎記念館
泉南市	さといも、花き、水なす	古代史博物館
四條畷市	エコ河内田原米	緑の文化園
交野市	ぶどう、じゃがいも	交野市立歴史民俗資料展示室
大阪狭山市	大野ぶどう	市民ふれあいの里
阪南市	たまねぎ、なにわ黒牛、のり	わんぱく王国
島本町	たけのこ	サントリー山崎蒸留所
豊能町	米、ごぼう、ヤーコン	とよのコスモスの里
能勢町	くり、寒天、炭、米	能勢の郷、能勢の浄瑠璃
忠岡町	毛布、わたりがに、葉ごぼう	正木美術館
熊取町	タオル、水なす、ふき	奥山雨山自然公園
田尻町	たまねぎ、水なす	田尻歴史館
岬町	わかめ、こんぶ、しいたけ	みさき公園
太子町	ぶどう、みかん、軍手	梅鉢御陵
河南町	千両なす、きゅうり、いちじく	大阪府立近つ飛鳥博物館
千早赤阪村	温州みかん、なす、棚田米	千早赤阪村立郷土資料館

兵庫県

市区町村	特産品	観光名所・祭りなど
神戸市	清酒、ケミカルシューズ、洋菓子	有馬温泉、神戸北野異人館街、五色塚古墳
姫路市	マッチ、たけのこ	姫路城、灘のけんか祭り
尼崎市	尼いも、一寸豆、さといも	尼崎城
明石市	キャベツ、たこ、のり	明石市立天文科学館
西宮市	和ろうそく、清酒	阪神甲子園球場、西宮神社十日戎
洲本市	肉牛、たまねぎ	洲本城跡
芦屋市	スイーツ、みそ	ヨドコウ迎賓館(旧山邑邸)
伊丹市	清酒、干しいも、レモン	伊丹スカイパーク
相生市	かき、メロン、ゆず、炭	相生ペーロン祭
豊岡市	かばん、柳細工、出石そば、米、出石焼	城崎温泉、コウノトリの郷公園
加古川市	くつ下、いちじく、たこ	鶴林寺、加古川まつり
赤穂市	塩、かき	赤穂城跡、赤穂義士祭
西脇市	つり針、播州毛鉤	日本へそ公園
宝塚市	植木、炭酸せんべい	宝塚大劇場、宝塚市立手塚治虫記念館
三木市	酒米、ぶどう、播州三木打刃物	三木城跡
高砂市	あなご、高砂染め	生石神社
川西市	もも、いちじく、炭	黒川ダリヤ園
小野市	いちじく、播州そろばん、播州刃物	浄土寺
三田市	肉牛、米	兵庫県立人と自然の博物館
加西市	ぶどう、いちご、トマト	一乗寺
丹波篠山市	黒豆、くり、丹波立杭焼	デカンショ祭

市区町村	特産品	観光名所・祭りなど
養父市	ぶた、さんしょ、ネクタリン	氷ノ山、養父神社
丹波市	丹波黒だいず、あずき、くり	黒井城跡の雲海
南あわじ市	たまねぎ、手のべそうめん、はも	淡路国分寺塔跡、淡路人形浄瑠璃資料館
朝来市	岩津ねぎ、紅茶、家具、ばね	竹田城跡、史跡生野銀山
淡路市	カーネーション、びわ、線香	北淡震災記念公園、伊弉諾神宮
宍粟市	じねんじょ、あゆ、手のべそうめん	ちくさ高原スキー場
加東市	つり針、こいのぼり	東条湖おもちゃ王国
たつの市	手のべそうめん、しょう油、うめ	うすくち龍野醤油資料館
猪名川町	そば、しいたけ、いのしし肉	猪名川天文台（アストロピア）
多可町	酒米、りんご	ラベンダーパーク多可
稲美町	米、トマト、メロン	万葉の森
播磨町	干しだこ、のり、わかめ	兵庫県立考古博物館
市川町	ゴルフクラブ	甘地の獅子舞
福崎町	もち麦	柳田國男生家
神河町	ゆず、茶	砥峰高原
太子町	たけのこ、いちじく、手のべそうめん	斑鳩寺
上郡町	モロヘイヤ	白旗城跡
佐用町	佐用もちだいず	兵庫県立大学西はりま天文台
香美町	なし、ずわいがに、チョウザメ	大乗寺
新温泉町	なし、ずわいがに、いか	湯村温泉

奈良県

市区町村	特産品	観光名所・祭りなど
奈良市	奈良筆、奈良墨、奈良一刀彫	奈良公園、東大寺二月堂修二会、鹿の角きり
大和高田市	ほうれんそう、きくな	竹内街道・横大路（大道）
大和郡山市	金魚、トマト、赤膚焼	奈良県立民俗博物館
天理市	いちご、なす、トマト、かき	黒塚古墳、大和神社のちゃんちゃん祭り
橿原市	いちご、シクラメン	藤原京跡、丸山古墳
桜井市	シクラメン、そうめん	談山神社、長谷寺
五條市	富有柿、うめ、ジビエ、はし	奈良県立博物館
御所市	大和いも、御所柿、桐げた	水平社博物館
生駒市	竹編み針、高山茶せん	宝山寺
香芝市	くつ下、サヌカイト加工品	屯鶴峯
葛城市	きく、いちご、そうめん	相撲館「けはや座」
宇陀市	吉野葛、茶、金ごぼう、ダリヤ	室生寺
山添村	茶	天神社
平群町	ぶどう、いちご、きく、ばら	信貴山朝護孫子寺
三郷町	ケンコーミサトっ子	龍田大社
斑鳩町	なし、ぶどう	法隆寺、法起寺
安堵町	灯芯ひき、古代米	中家住宅
川西町	貝ボタン	島の山古墳
三宅町	グローブ、ミット	太子道
田原本町	味間いも、シクラメン	唐古・鍵遺跡
曽爾村	トマト、はくさい、山ふき	曽爾高原
御杖村	ほうれんそう、はくさい、木工品	三峰山
高取町	入浴剤、ばんそうこう	大和高取城
明日香村	いちご、シクラメン、飛鳥の蘇	高松塚古墳、飛鳥資料館、おんだ祭
上牧町	ぶどう、いちご	浄安寺
王寺町	砥石	達磨寺
広陵町	くつ下、なす、いちご	百済寺三重塔、巣山古墳
河合町	いちご、ヤマトポーク	大塚山古墳、砂かけ祭
吉野町	吉野くず、吉野手すき和紙	金峯山寺、吉水神社、吉野山
大淀町	わりばし、茶、なし	世尊寺
下市町	柿、うめ、三宝・神具、わりばし	丹生川上神社下社
黒滝村	わりばし、こんにゃく	大峯奥駈道
天川村	あゆ、あまご、いちご	大峯山寺、双門の滝
野迫川村	わさび、しいたけ、あまご	熊野参詣道小辺路
十津川村	ぶなしめじ、エリンギ	十津川温泉、玉置神社、瀞峡
下北山村	下北春まな、わりばし、茶	大峯奥駈道
上北山村	あまご、こんにゃく、わりばし	大峯奥駈道、中の滝、大台ヶ原山
川上村	そうめん、こんにゃく	入之波温泉
東吉野村	茶、みがき丸太、あゆ	丹生川上神社

和歌山県

市区町村	特産品	観光名所・祭りなど
和歌山市	しょうが、しらす、たい、紀州たんす	和歌山城、和歌山県立博物館、紀伊風土記の丘
海南市	みかん、びわ、しらす、はも、紀州漆器	和歌山県立自然博物館
橋本市	鶏卵、ぶどう、パイル織物、紀州へら竿	隠れ谷池
有田市	みかん、たちうお	有田市みかん資料館、有田川の鵜飼
御坊市	みかん、すいか、御坊人形	御坊祭
田辺市	うめ、うめぼし、みかん、備長炭	龍神温泉、熊野本宮大社、紀州石神田辺梅林
新宮市	いちご、野鍛冶刃物	熊野速玉大社、御燈祭、瀞峡
紀の川市	もも、紀の川柿	粉河祭
岩出市	カーネーション、ねごろ大唐	根来寺
紀美野町	ぶどう山椒、柿、みかん	みさと天文台
かつらぎ町	柿、うめぼし	丹生都比売神社
九度山町	柿、まつたけ	慈尊院、丹生官符神社、真田祭
高野町	高野どうふ、ごまどうふ、まつたけ	金剛峯寺、高野山万燈供養会
湯浅町	しょう油、金山寺みそ、みかん	醤油醸造発祥の地
広川町	しろうお、ブルーベリー、みかん	稲むらの火の館
有田川町	山椒、有田みかん、保田紙	有田鉄道公園、あらぎ島（棚田）
美浜町	きゅうり、しらす、あわび	日の岬
日高町	くえ、黒竹	内原王子神社（高家王子跡）
由良町	わかめ、みかん、金山寺みそ	白崎海岸
印南町	えんどう、すいか、ミニトマト	切目王子神社
みなべ町	うめ、うめぼし、備長炭	千里の浜、岩代大梅林、南部梅林
日高川町	ホロホロ鳥、あまご、あゆ、備長炭	鐘供養会式
白浜町	くえ、スターチス、茶、レタス	白浜温泉、アドベンチャーワールド
上富田町	うめ、みかん、やまもも	熊野古道3王子
すさみ町	レタス、いのぶた、かつお	すさみ温泉
那智勝浦町	まぐろ、茶、那智黒硯	那智大滝、熊野那智大社、那智の扇祭り
太地町	くじら、黒あめ那智黒	ホエールウォッチング、太地町立くじらの博物館
古座川町	ゆず、はちみつ、備長炭	一枚岩
北山村	じゃばら	おくとろ温泉、瀞峡
串本町	養殖くろまぐろ、かつお、キンカン	橋杭岩、串本海中公園、潮岬

鳥取県

市区町村	特産品	観光名所・祭りなど
鳥取市	らっきょう、松葉がに、因州和紙	鳥取砂丘、青谷上寺地遺跡、砂の美術館

市区町村	特産品	観光名所・祭りなど
米子市	松葉がに、干しがれい、弓浜がすり	皆生温泉、米子水鳥公園
倉吉市	すいか、なし、上神焼	倉吉白壁土蔵群、鳥取二十世紀梨記念館
境港市	まぐろ、出雲石燈ろう	水木しげるロード、みなと祭
岩美町	松葉がに、もさえび、木彫人形十二支	浦富海岸、湯かむり温泉
若桜町	だいこん、桐げた	氷ノ山、不動院岩屋堂
智頭町	りんどう、どうだんつつじ	石谷家住宅
八頭町	エリンギ、花御所柿、因久山焼	やずぽっぽ
三朝町	なし、とちもち	三徳山三佛寺、三朝温泉、三徳山炎の祭典
湯梨浜町	なし、いちご、ぶどう、しじみ	水郷祭
琴浦町	なし、乳製品、肉牛	神崎神社
北栄町	すいか、ながいも、北條土人形	コナン通り、青山剛昌ふるさと館
日吉津村	こがねどうふ、メロン	さいの神
大山町	ブロッコリー、大山小麦	大山寺、大山、妻木晩田遺跡
南部町	富有柿、法勝寺焼	法勝寺一色飾り
伯耆町	米、ミネラルウォーター、地ビール	とっとり花回廊
日南町	じねんじょ、トマト、和太鼓	井上靖記念館
日野町	ねぎ、乳牛、米	金持神社
江府町	ブルーベリー、ミネラルウォーター	江尾十七夜

島根県

市区町村	特産品	観光名所・祭りなど
松江市	出雲そば、大和しじみ、出雲石燈ろう	松江城、玉造温泉、八重垣神社、佐陀神能
浜田市	どんちっち三魚、なし、石見神楽面	都川の棚田、浜田市世界こども美術館
出雲市	出雲そば、ぶどう、出西しょうが	出雲大社、日御碕、宍道湖自然館ゴビウス
益田市	メロン、ぶどう、はまぐり	雪舟の郷記念館、匹見峡
大田市	大あなご、柿、石州瓦、温泉津	石見銀山遺跡、温泉津地区、大森地区
安来市	どじょう、なし、茶、広瀬がすり	和鋼博物館、足立美術館
江津市	ぶた肉、ごぼう、あゆ、石州瓦	石見神楽、千丈渓
雲南市	米、茶、メロン、ぶどう	加茂岩倉遺跡、菅谷たたら山内
奥出雲町	仁多米、出雲そば、雲州そろばん	鬼舌振(鬼の舌震)、奥出雲多根自然博物館
飯南町	奥出雲和牛、りんご、まいたけ、米	大しめなわ創作館
川本町	西条柿、えごま、しいたけ、あゆ	江川太鼓
美郷町	またたび製品、いのしし肉、あゆ	火振漁
邑南町	石見和牛、石見ポーク、あゆ	断魚渓
津和野町	わさび、くり、ゆず	津和野殿町通り、鷺舞
吉賀町	わさび、しいたけ、くり	萬歳楽
海士町	岩がき、塩、隠岐牛、CAS製品	天川の水
西ノ島町	いか、岩がき、さざえ	国賀海岸、シャーラ(精霊)船送り
知夫村	さざえ、岩がき、わかめ	赤壁
隠岐の島町	いか、松葉がに、隠岐黒曜石細工	白島海岸、トカゲ岩、蓮華会舞

岡山県

市区町村	特産品	観光名所・祭りなど
岡山市	きびだんご、マスカット、白桃	岡山城、後楽園、造山古墳、吉備津神社
倉敷市	もも、マスカット、ジーンズ、倉敷はりこ	瀬戸大橋、倉敷美観地区
津山市	ジャンボピーマン、津山箔合紙	津山城跡、城東町並み保存地区
玉野市	たこ、あなご、千両なす	王子が岳
笠岡市	米、たまご、いちじく、しゃこ	カブトガニ博物館、高島神卜山
井原市	デニム、ぶどう	田中美術館

市区町村	特産品	観光名所・祭りなど
総社市	いちご、マスカット、白桃	鬼ノ城、備中国分寺
高梁市	トマト、ピオーネ、茶	備中松山城、吹屋ふるさと村
新見市	千屋牛、ピオーネ、りんどう	井倉峡、鯉が窪原
備前市	かき、備前焼	旧閑谷学校、備前焼ミュージアム
瀬戸内市	かき、オリーブ、虫明焼	備前おさふね刀剣の里、牛窓、唐子踊
赤磐市	黄にら、白桃	おかやまフォレストパークドイツ村
真庭市	蒜山ジャージー牛乳、勝山竹細工	勝山町並み保存地区、神庭の滝、湯原温泉
美作市	黒だいず、茶、ぶどう	湯郷温泉、岡山国際サーキット
浅口市	白桃、ピオーネ、がざみ(わたりがに)	岡山天文博物館
和気町	なす、ぶどう、もも	藤公園
早島町	い草製品、マスカット	花ござ手織り伝承館
里庄町	まこもたけ、大原焼	二科会館
矢掛町	いちご、なし、ぶどう	旧矢掛本陣髙草家住宅
新庄村	もち米、りんどう	毛無山
鏡野町	茶、はちみつ、ミニトマト、りんどう	奥津温泉、奥津渓
勝央町	黒だいず、白桃、ニューピオーネ	金時祭
奈義町	さといも、ねぎ、なぎビーフ	菩提寺の大イチョウ
西粟倉村	米、木材、木材加工品	若杉渓谷
久米南町	ぶどう、いちご、きゅうり	誕生寺、北庄棚田、上籾棚田
美咲町	棚田米、黄にら、鶏卵	小山の棚田、大垪和西の棚田
吉備中央町	ピオーネ、はくさい	加茂大祭、吉川八幡宮

広島県

市区町村	特産品	観光名所・祭りなど
広島市	かき、広島菜、お好み焼き、広島仏壇	原爆ドーム、広島平和記念資料館
呉市	かき、トマト、みかん、やすり	朝鮮通信使資料館【御馳走一番館】
竹原市	竹炭、竹細工、たけのこ	たけはら町並み保存地区
三原市	たこ、もも、にしきごい	三原やっさ祭り
尾道市	いちじく、わさび、尾道ラーメン	浄土寺、因島水軍城、しまなみ海道
福山市	福山琴、備後絣、松永げた	明王院、鞆の浦、お手火神事
府中市	ごぼう、木製家具	オオムラサキの里
三次市	ぶどう、なし、三次人形	三次の鵜飼
庄原市	米、比婆牛、広島菜漬け	国営備北丘陵公園、寄倉岩陰遺跡
大竹市	大竹手すき和紙、手打刃物	大竹祭
東広島市	かき、西条柿、清酒	酒類総合研究所
廿日市市	あなご、かき、もみじ饅頭、宮島細工	厳島神社、厳島神社管絃祭
安芸高田市	なし、りんご、竹炭	郡山城跡、神楽門前湯治村
江田島市	みかん、オリーブ、かき	大歳神社、旧海軍兵学校
府中町	白そば	マツダミュージアム
海田町	海田さつま	旧千葉家住宅
熊野町	熊野筆、化粧筆	筆の里工房
坂町	かき、うどん	ベイサイドビーチ坂
安芸太田町	祇園坊柿、戸河内刳物	三段峡、街ぐるみ博物館
北広島町	りんご、ミニトマト、きゅうり	壬生の花田植
大崎上島町	レモン、デコポン、みかん	櫂伝馬競漕
世羅町	白ねぎ、なし、きのこ	夢つり橋
神石高原町	神石牛、こんにゃく、トマト、きのこ	帝釈峡

山口県

市区町村	特産品	観光名所・祭りなど
山口市	はなっこりー、りんご、大内塗	瑠璃光寺、常栄寺庭園、山口祇園祭
下関市	ふぐ、あんこう、ふく提灯	赤間神宮、土井ヶ浜遺跡、角島大橋
宇部市	茶、はなっこりー、赤間すずり	石炭記念館
萩市	うに、夏みかん、萩焼、小萩人形	萩城下町、松下村塾、萩・明倫学舎、萩反射炉
防府市	はも、みかん	防府天満宮、毛利博物館、山頭火ふるさと館
下松市	ひらめ、にんにく	笠戸島
岩国市	わさび、れんこん、くり	錦帯橋、寂地峡
光市	はも、いか	虹ヶ浜海水浴場、普賢まつり
長門市	かまぼこ、いか、ゆず、萩焼	青海島、金子みすゞ記念館
柳井市	甘露しょう油、金魚提灯	古市・金屋白壁の町並み、阿月神明祭
美祢市	ごぼう、なし、くり、大理石加工品	秋芳洞、秋吉台、秋吉台山焼き
周南市	ふぐ、はも、たこ、ぶどう	貴船祭
山陽小野田市	しょう油、ねぎ	旧小野田セメント製造株式会社竪窯
周防大島町	みかん、いりこ	周防大島文化交流センター
和木町	やまもも	蜂ヶ峰総合公園
上関町	くるまえび、みかん、びわ	四階楼、祝島・石垣の棚田
田布施町	いちじく	南周防大橋
平生町	みかん、いりこ	神花山古墳
阿武町	無角和牛肉、すいか、なし	惣郷鉄橋

徳島県

市区町村	特産品	観光名所・祭りなど
徳島市	わかめ、阿波尾鶏、すだち	阿波人形浄瑠璃、阿波おどり
鳴門市	鳴門わかめ、なると金時、大谷焼	鳴門の渦潮、霊山寺、大塚国際美術館
小松島市	しいたけ、はも、竹ちくわ	義経ドリームロード
阿南市	はも、しいたけ、たけのこ、すだち	阿波遍路道、太龍寺、平等寺
吉野川市	うめ、スイートコーン、阿波和紙	阿波和紙伝統産業会館
阿波市	いちご、シンビジウム、たらいうどん	阿波の土柱
美馬市	阿波尾鶏、和傘、阿波うちわ	剣山、うだつの町並み
三好市	そば、茶、ゆず、竹細工	剣山、祖谷のかずら橋、大歩危・小歩危
勝浦町	温州みかん	ビッグひな祭り、鶴林寺
上勝町	つまもの(いろどり)、茶	樫原の棚田
佐那河内村	すだち、みかん、キウイ	佐那河内いきものふれあいの里
石井町	ほうれんそう、野沢菜、ブロッコリー	阿波国分尼寺跡
神山町	すだち、あゆ、しいたけ	阿川梅の里梅まつり
那賀町	おもと、茶、ゆず、いちご	剣山、坂州の舞台
牟岐町	あわび、いせえび、ゆず	出羽島アート展
美波町	いせえび、あわび、てんぐさ	薬王寺、日和佐うみがめ博物館カレッタ
海陽町	あおりいか、あわび、阿波尾鶏	竹ヶ島海中公園、赤ちゃんの土俵入り
松茂町	なると金時、だいこん、れんこん	三好長治終焉の地
北島町	チューリップ、れんこん、なると金時	北島チューリップフェア
藍住町	にんじん、なし、阿波藍	藍の館
板野町	にんじん、れんこん	あすたむらんど徳島
上板町	和三盆糖、にんじん	阿波和三盆の里
つるぎ町	阿波尾鶏、半田そうめん、半田漆器	天岩戸神楽
東みよし町	いちご、干し柿、桐げた	丹田古墳

香川県

市区町村	特産品	観光名所・祭りなど
高松市	盆栽、香川漆器	鬼ヶ島おにの館、屋島、高松城跡、栗林公園
丸亀市	もも、きく、丸亀うちわ	丸亀城、うちわの港ミュージアム
坂出市	にんじん、みかん、塩	瀬戸大橋記念公園、東山魁夷せとうち美術館
善通寺市	ダイシモチ麦、にんにく、四角すいか	善通寺、はだか祭り
観音寺市	レタス、ブロッコリー、いりこ	琴弾公園の銭形砂絵、豊浜ちょうさ祭
さぬき市	オリーブはまち、さぬきサーモン	旧恵利家住宅、大窪寺、細川家住宅
東かがわ市	ひけた鰤、手袋	東かがわ手袋ギャラリー、おみかん焼き
三豊市	ぶどう、茶、マーガレット	津嶋神社、粟島海洋記念館
土庄町	手のべそうめん、オリーブ	迷路のまち、肥土山の虫送り
小豆島町	手のべそうめん、オリーブ、しょう油	寒霞渓、オリーブ公園、二十四の瞳映画村
三木町	いちご、希少糖、手袋	獅子たちの里 三木まんで願。
直島町	のり、なおしまはまち、塩	地中美術館、家プロジェクト
宇多津町	入浜式の塩、古代米	プレイパークゴールドタワー
綾川町	もち麦、いちご	滝宮の念仏おどり
琴平町	にんにく、讃岐一刀彫	金刀比羅宮、旧金毘羅大芝居
多度津町	ぶどう、オリーブ、かき	JR四国多度津工場
まんのう町	いちじく、ヤーコン、ひまわりオイル	国営讃岐まんのう公園、二宮忠八飛行館

愛媛県

市区町村	特産品	観光名所・祭りなど
松山市	紅まどんな、いよかん、姫だるま	道後温泉、松山城、石手寺、子規記念博物館
今治市	今治焼き鳥、今治タオル、桜井漆器	来島海峡大橋、菊間祭、村上海賊ミュージアム
宇和島市	真珠、たい、はまち、じゃこ天	遊子水荷浦の段畑、うわじま牛鬼まつり
八幡浜市	削りかまぼこ、みかん、いよかん	真穴の座敷雛
新居浜市	みかん、水産加工品	マイントピア別子、新居浜太鼓祭り
西条市	米、はだか麦、柿、いちご	石鎚山、西条まつり、石鎚山お山開き
大洲市	あゆ、くり、しいたけ、キウイ	大洲城、臥龍山荘、るり姫祭り
伊予市	けずり節、くり、みかん、紅まどんな	五色姫海浜公園
四国中央市	さといも、茶、いりこ、水引細工	真鍋家住宅、紙のまち資料館
西予市	乳製品、みかん、ぶどう	旧開明学校、愛媛県歴史文化博物館
東温市	もち麦、はだか麦、いちご	白猪の滝
上島町	青いレモン、レモンポーク、藻塩	弓削大橋
久万高原町	トマト、しいたけ、茶、りんご	石鎚山、四国カルスト
松前町	はだか麦、そらまめ、ねぎ	義農作兵衛の墓
砥部町	みかん、うめ、砥部焼	砥部焼伝統産業会館
内子町	和ろうそく、もも、大洲和紙	内子の町並み、山の神の火祭り
伊方町	岬あじ、岬さば、みかん	せと風の丘パーク、佐田岬灯台
松野町	天然うなぎ、川がに、もも、茶	おさかな館、伊予神楽
鬼北町	しいたけ、ゆず、きじ肉	伊予神楽
愛南町	かつお、かき、ぶり、河内晩柑	宇和海海域公園

高知県

市区町村	特産品	観光名所・祭りなど
高知市	新高梨、土佐文旦、徳谷トマト	高知城、日曜市、桂浜、よさこい祭り
室戸市	びわ、なす、海洋深層水	最御崎寺、室戸岬、ダルマタ日
安芸市	なす、ゆず、内原野焼	岩崎弥太郎生家
南国市	ししとう、土佐打刃物	田村遺跡群、高知県立歴史民俗資料館

61

市区町村	特産品	観光名所・祭りなど
土佐市	ゆり、土佐文旦、小夏	ホエールウォッチング
須崎市	みょうが、かまぼこ	樽の滝
宿毛市	みょうが、小夏、土佐さんご	延光寺、宿毛貝塚、ダルマ夕日
土佐清水市	さば、宗田節、かつお	足摺岬、竜串、足摺海底館
四万十市	あゆ、青のり、くり	佐田の沈下橋、不破八幡宮、四万十川学遊館
香南市	にら、みかん、土佐凧	どろめ祭り、絵金祭り
香美市	ゆず、フラフ	龍河洞、アンパンマンミュージアム
東洋町	ポンカン	生見ビーチ
奈半利町	すいか、かつお、きんめだい	奈半利古い町並み
田野町	なす、ピーマン	ダルマ夕日
安田町	かつお、なす	唐浜層化石発掘体験場
北川村	ゆず	中岡慎太郎館
馬路村	ゆず、魚梁瀬すぎ	馬路森林鉄道
芸西村	ピーマン、なす	芸西村伝承館
本山町	しいたけ、土佐赤牛	汗見川渓谷
大豊町	碁石茶、ゆず	豊楽寺薬師堂
土佐町	土佐赤牛	さめうら湖
大川村	大川黒牛、茶	小金滝
いの町	土佐和紙、土佐赤牛	紙の博物館、土佐和紙工芸村
仁淀川町	トマト、茶、マッシュルーム	秋葉まつり、池川神楽大祭
中土佐町	かつお、しょうが	久礼八幡宮大祭
佐川町	茶、にら、甘栗、新高梨	青山文庫
越知町	茶、山椒、土佐赤牛	横倉山県立自然公園
檮原町	しいたけ、あゆ、棚田米	坂本龍馬脱藩の道
日高村	トマト、新高梨	錦山公園
津野町	津野山茶	津野山古式神楽
四万十町	あゆ、米、ピーマン、窪川ぶた	一斗俵沈下橋
大月町	きびなご、ぶり	柏島、ダイビング
三原村	米、土佐すずり	ヒメノボタンの里
黒潮町	かつおのたたき、小夏	ホエールウォッチング、砂浜美術館

福岡県

市区町村	特産品	観光名所・祭りなど
福岡市	明太子、かき、博多織	海の中道海浜公園、筥崎宮、博多祇園山笠
北九州市	たけのこ、ふぐ、うに	門司港レトロ、平尾台、戸畑祇園大山笠
大牟田市	みかん、ぶどう、のり	三池炭鉱宮原坑、三池港
久留米市	植木、トマト、久留米がすり	有馬記念館、鬼夜
直方市	米、高取焼、直方だるま	直方市石炭記念館
飯塚市	筑穂牛、くじら、庄内ふき	嘉穂劇場
田川市	トルコギキョウ、肉牛、パプリカ	田川市石炭・歴史博物館、川渡り神幸祭
柳川市	のり、花ござ、柳川まり	柳川の川下り
八女市	茶、ぶどう、八女提灯	雛の里・八女ぼんぼり祭り、茶の文化館
筑後市	いちご、なし、ぶどう、花ござ	船小屋鉱泉場(船小屋温泉)
大川市	家具、えつ(魚)、のり、なまず	筑後川昇開橋
行橋市	いちじく、もも、なし、のり	御所ヶ谷神籠石
豊前市	わたりがに、かき、ゆず	豊前神楽、感応楽
中間市	みそ、かまぼこ、いちじく	遠賀川水源地ポンプ室
小郡市	かも料理、こまつな	九州歴史資料館
筑紫野市	みそ、しょう油、博多織	筑紫野市歴史博物館
春日市	どんぐり焼酎	奴国の丘歴史資料館

市区町村	特産品	観光名所・祭りなど
大野城市	はだか麦焼酎、はちみつ	大野城跡
宗像市	いちご、とらふぐ、いか	宗像大社中津宮、宗像大社辺津宮
太宰府市	木うそ、さいふうどん	太宰府天満宮、大宰府跡、九州国立博物館
糸島市	糸島牛、きく、芥屋かぶ、かき	伊都国歴史博物館
古賀市	ネーブル、いちご	花鶴浜
福津市	キャベツ、ミニトマト、いちご	新原・奴山古墳群
うきは市	トマト、柿、浮羽麺	つづら棚田
宮若市	ぶどう、米、トルコギキョウ	竹原古墳
嘉麻市	りんご、なし	一夜城まつり
朝倉市	柿、なし、茶、三奈木砂糖	泥打ち祭、原鶴温泉、秋月城跡
みやま市	セロリ、みかん、いちご、のり	幸若舞
那珂川市	ヤーコン、やまもも	筑紫耶馬渓
宇美町	清酒、こんにゃく、博多織	宇美八幡宮
篠栗町	たけのこ、こんにゃく	南蔵院
志免町	しょう油、博多曲物	旧志免鉱業所竪坑櫓
須恵町	養生みそ、すえっ肥	皿山公園
新宮町	みかん、いちご、海産物	立花山
久山町	米、はちみつ	立花山
粕屋町	ブロッコリー	駕与丁公園
芦屋町	いか、ねぎ、赤しそ	芦屋釜の里
水巻町	でかにんにく	水巻町コスモス園
岡垣町	びわ、ぶどう、いちご、みかん	三里松原
遠賀町	米、ふき、赤しそ	島津・丸山歴史自然公園
小竹町	オリーブオイル、米、黒だいず	南良津獅子舞
鞍手町	ぶどう(巨峰)、いちご	長谷寺
桂川町	いちご、米、土師焼	王塚装飾古墳館
筑前町	木酢、いちご、なし、黒だいず	筑前町立大刀洗平和記念館
東峰村	米、乾しいたけ、小石原焼	小石原焼伝統産業会館
大刀洗町	ほうれんそう、レタス、ねぎ	今村天主堂
大木町	いちご、アスパラガス、きのこ	クリークの里石丸山公園
広川町	いちご、もも、なし、茶、ガーベラ	太原のイチョウ
香春町	たけのこ、干し柿	香春岳
添田町	ゆずしょう、こんにゃく、いちじく	英彦山
糸田町	ミニトマト、洋らん、ばら	泌泉(地下水湧水地)
川崎町	黒酢、ぶどう、なし	藤江氏魚楽園
大任町	にんにく球、つばき油	サボテンハウス
赤村	米、ぶた肉、トマト	十津川渓谷
福智町	なし、上野焼、いちじく	上野焼秋の窯開き
苅田町	かき、米、みそ	石塚山古墳
みやこ町	茶、ゆず加工品、かずら筆	橘塚古墳
吉富町	あさり、かき、赤だいこん	乾衣祭
上毛町	ゆず、川底柿、レモン	松尾山
築上町	スイートコーン、あさり	綱敷天満宮

佐賀県

市区町村	特産品	観光名所・祭りなど
佐賀市	のり、米、ハウスみかん、佐賀錦	大隈重信旧宅、三重津海軍所跡
唐津市	いか、ハウスみかん、米	呼子の朝市、虹の松原、唐津くんち
鳥栖市	アスパラガス、たまねぎ	御手洗の滝、鳥栖山笠
多久市	みかん、びわ、女山大根	多久聖廟

市区町村	特産品	観光名所・祭りなど
伊万里市	ぶどう、なし、伊万里焼	伊万里市陶器商家資料館、鍋島藩窯公園
武雄市	レモングラス、佐賀牛、いのしし肉	武雄温泉、佐賀県立宇宙科学館
鹿島市	のり、みかん、浮立面	祐徳稲荷神社、鹿島ガタリンピック
小城市	らん、みかん、棚田米、小城ようかん	佐賀県有明水産振興センター展示館
嬉野市	茶、湯どうふ、きゅうり	嬉野温泉、轟の滝
神埼市	もち米、ひし、神埼そうめん	九年庵
吉野ヶ里町	みかん、いちご、たけのこ、茶	吉野ヶ里歴史公園
基山町	アスパラガス、茶、柿	基肄城跡
上峰町	米、アスパラガス、うなぎ	堤土塁跡歴史公園
みやき町	白石焼、トマト、たまねぎ、いちご	綾部神社
玄海町	たい、うに、いちご	浜野浦の棚田
有田町	佐賀牛、ぶどう、きんかん、有田焼	佐賀県立九州陶磁文化館、有田陶器市
大町町	大町たろめん、みそ	聖岳展望所
江北町	米、みかん、れんこん、いちご	白木聖廟・孔子像
白石町	れんこん、たまねぎ、いちご	ムツゴロウ保護区
太良町	かき、かに、みかん、のり	竹崎城址展望台公園

長崎県

市区町村	特産品	観光名所・祭りなど
長崎市	びわ、あじ、べっ甲細工	大浦天主堂、軍艦島、長崎くんち
佐世保市	みかん、真珠、三川内焼	ハウステンボス、九十九島遊覧船
島原市	すいか、手のべそうめん	島原城、雲仙岳災害記念館
諫早市	かき、みかん、れんこん	ゆうゆうランド干拓の里
大村市	らっきょう、にんじん、真珠工芸	旧円融寺庭園、黒丸踊、沖田踊
平戸市	ひらめ、あご、平戸牛	平戸和蘭商館跡、平戸ジャンガラ
松浦市	メロン、ふぐ、あじ、さば	土谷棚田、松浦水軍まつり
対馬市	くろまぐろ、しいたけ、若田すずり	万松院、対馬厳原港まつり
壱岐市	肉牛、うに、いか、メロン、鬼凧	原の辻遺跡、猿岩、一支国博物館
五島市	きびなご、トマト、つばき油	旧五輪教会堂、堂崎天主堂、ヘトマト
西海市	真珠、トマト、みかん、長崎和牛	横瀬浦公園
雲仙市	じゃがいも、ねぎ、雲仙牛	雲仙温泉
南島原市	手のべそうめん、長崎和牛	龍石海岸、原城跡
長与町	みかん、いちじく、長与焼	堂崎ノ鼻、琴ノ尾岳
時津町	みかん、ぶどう	鯖くさらかし岩
東彼杵町	茶、アスパラガス	千綿渓谷
川棚町	トマト、アスパラガス、いちご	日向の棚田
波佐見町	茶、波佐見焼	波佐見陶器まつり
小値賀町	あわび、いさき、たちうお	旧野首教会
佐々町	いちご、茶	真竹谷のしだれ桜群
新上五島町	手のべうどん、つばき油	蛤浜、頭ヶ島教会、上五島神楽

熊本県

市区町村	特産品	観光名所・祭りなど
熊本市	辛子れんこん、すいか、肥後象がん	熊本城、藤崎八幡宮秋季例大祭
八代市	晩白柚、い草、トマト	八代妙見祭、五家荘
人吉市	あゆ、きじ馬	人吉温泉
荒尾市	荒尾なし、のり、小代焼	三池炭鉱万田坑、野原八幡宮風流
水俣市	サラダたまねぎ、茶	エコパーク水俣
玉名市	いちご、みかん、トマト、のり	玉名市立歴史博物館こころピア
山鹿市	米、すいか、くり、山鹿灯籠	熊本県立装飾古墳館、山鹿灯籠まつり
菊池市	米、ごぼう、メロン、かすみそう	菊池渓谷
宇土市	のり、アサリ、メロン	御輿来海岸
上天草市	くるまえび、真珠、天草砥石	天草五橋、天草四郎ミュージアム
宇城市	デコポン、メロン、洋らん	三角西港
阿蘇市	あか牛、阿蘇高菜、トマト	阿蘇山、火振り神事
天草市	レタス、デコポン、ポンカン	牛深ハイヤ祭り、崎津教会
合志市	すいか、マンゴー	熊本県農業公園カントリーパーク
美里町	米、こんにゃく、茶	霊台橋、日本一の石段
玉東町	みかん、すもも、すいか	西南戦争遺跡
南関町	南関そうめん、たけのこ	豊前街道南関御茶屋跡
長洲町	ジャンボなし、金魚、のり	金魚の館
和水町	米、なす、たけのこ	江田船山古墳
大津町	さつまいも	からいもフェスティバルinおおづ
菊陽町	にんじん、スイートコーン	馬場楠井出の鼻ぐり
南小国町	小国杉、小国大根、そば	黒川温泉、吉原の岩戸神楽
小国町	小国杉、小国大根、ジャージー乳製品	杖立温泉、鍋ヶ滝
産山村	あか牛、乳製品	池山水源、扇棚田、ヒゴタイ大橋
高森町	つるのこいも、やまめ、あか牛	根子岳、上色見熊野座神社
西原村	さつまいも、さといも	俵山
南阿蘇村	米、そば、あか牛	南阿蘇村湧水群、長野岩戸神楽
御船町	茶、水前寺菜、キャベツ	御船町恐竜博物館
嘉島町	だいず、いちご	井寺古墳、浮島熊野座神社
益城町	柿、すいか	東海大学宇宙情報センター
甲佐町	にら、スイートコーン、あゆ	甲佐町やな場
山都町	トマト、キャベツ、ブルーベリー	通潤橋、八朔祭
氷川町	もち米、晩白柚、なし	立神峡
芦北町	デコポン、あしきた牛	うたせ船、赤松館
津奈木町	デコポン、たちうお	つなぎ美術館、津奈木隧道
錦町	なし、もも、メロン	ツクシイバラ群生地、大平渓谷
多良木町	米、メロン、しいたけ	青蓮寺阿弥陀堂、太田家住宅
湯前町	いちご、ぶどう、手打ち刃物	城泉寺、ゆのまえ温泉
水上村	米、いちご、メロン	湯山温泉
相良村	茶、メロン、葉たばこ	仰烏帽子山
五木村	茶、しいたけ	子守の里五木
山江村	やまめ、山江くり	山田大王神社、万江川渓谷
球磨村	なし、あか牛、あゆ、焼酎	球泉洞、球磨川ラフティング
あさぎり町	うこん、焼酎	球磨神楽、おかどめ幸福駅
苓北町	レタス、うに	苓北じゃっと祭

大分県

市区町村	特産品	観光名所・祭りなど
大分市	豊後牛、かぼす、関あじ、関さば	高崎山自然公園、大分県立美術館
別府市	湯の花、別府竹細工、つげ細工	別府温泉
中津市	小ねぎ、なし、はも、和傘	耶馬渓、福澤諭吉旧居・福澤記念館
日田市	なし、しいたけ、小鹿田焼、日田げた	天ヶ瀬温泉、日田祇園祭、千年あかり
佐伯市	ぶり、ひらめ、いちご、ほおずき	大分県マリンカルチャーセンター
臼杵市	かぼす、ふぐ	臼杵磨崖仏、うすき竹宵
津久見市	ひらめ、清見オレンジ、山椒	つくみイルカ島、宗麟公園
竹田市	かぼす、サフラン、トマト、姫だるま	くじゅう花公園、岡城跡、竹楽

市区町村	特産品	観光名所・祭りなど
豊後高田市	白ねぎ、らっかせい、そば	富貴寺、ホーランエンヤ、修正鬼会
杵築市	ハウスみかん、茶、かき	杵築城下町
宇佐市	米、ゆず、ぶどう、黒だいず	宇佐神宮、アフリカンサファリ
豊後大野市	しいたけ、さつまいも、茶	稲積水中鍾乳洞、沈堕の滝
由布市	なし、ゆず、トマト、ほうれんそう	由布院温泉、湯平温泉、湯布院映画祭
国東市	たこ、たちうお、しいたけ	修正鬼会、吉弘楽
姫島村	くるまえび、かれい	姫島盆踊り
日出町	城下かれい、はも、ハウスみかん	人間魚雷「回天」大神訓練基地跡
九重町	豊後牛、なし、トマト、しいたけ	九重"夢"大吊橋、くじゅう連山
玖珠町	米、豊後牛、乾しいたけ、きじ車	日本童話祭

宮崎県

市区町村	特産品	観光名所・祭りなど
宮崎市	マンゴー、佐土原人形	青島、鬼の洗濯板、シーガイア
都城市	都城牛、らっきょう、都城大弓、木刀	興玉神社、山之口弥五郎どん祭り
延岡市	あゆ、いせえび、めひかり	延岡城・内藤記念博物館
日南市	スイートピー、飫肥すぎ、かつお	鵜戸神宮、飫肥城下まつり
小林市	宮崎牛、メロン、なし、碁盤	霧島ジオパーク、北きりしまコスモドーム
日向市	日向はまぐり碁石、日向榧碁盤	美々津町並保存地区
串間市	さつまいも、きんかん、とびうお	岬馬、幸島のサル、都井岬火まつり
西都市	ピーマン、スイートコーン、マンゴー	西都原古墳群、銀鏡神社大祭
えびの市	米、みやざき地頭鶏、黒ぶた	えびの高原、吉田温泉
三股町	和牛、やまめ、らっきょう	長田峡
高原町	宮崎牛、しいたけ、茶	天の逆鉾、御田植祭
国富町	きゅうり、ピーマン、千切り大根	本庄古墳群
綾町	綾牛、日向夏、榧碁盤	綾城、照葉大吊橋
高鍋町	茶、かき	持田古墳群
新富町	ズッキーニ、れんこん、ライチ	新田原古墳群
西米良村	ゆず、しいたけ、サーモン	西米良村歴史民俗資料館
木城町	山菜加工品	石井十次資料館
川南町	茶、ミニトマト、きんかん	川南湿原植物群落
都農町	ワイン、トマト、金ふぐ	都農ワイナリー
門川町	トマト、みかん、金はも	枇榔島
諸塚村	しいたけ、茶、はちみつ	諸塚神楽
椎葉村	しいたけ、干したけのこ	椎葉民俗芸能博物館、椎葉平家まつり
美郷町	しいたけ、茶、きんかん	師走まつり
高千穂町	茶、高千穂牛	高千穂峡、高千穂の夜神楽
日之影町	くり、ゆず、きんかん	英国館、石垣の村
五ヶ瀬町	ワイン、茶、しいたけ、やまめ	五ヶ瀬ハイランドスキー場、うのこの滝

鹿児島県

市区町村	特産品	観光名所・祭りなど
鹿児島市	桜島だいこん、薩摩切子	桜島、尚古集成館、黎明館、おはら祭
鹿屋市	茶、さつまいも、かんぱち、きく	鹿屋航空基地史料館
枕崎市	かつお節、ポンカン、茶	枕崎市かつお公社
阿久根市	あじ、デコポン、そらまめ	黒之瀬戸
出水市	いちご、みかん、さつまあげ	出水麓武家屋敷群、クレインパークいずみ
伊佐市	黒ぶた、ねぎ、かぼちゃ、米	曽木の滝公園
指宿市	かつお節、そらまめ、薩摩焼	指宿砂むし温泉

市区町村	特産品	観光名所・祭りなど
西之表市	黒糖、さつまいも、種子鋏	種子島鉄砲まつり
垂水市	びわ、ぶり、かんぱち、飲む温泉水	猿ヶ城渓谷、垂水千本イチョウ園
薩摩川内市	らっきょう、たけのこ、きびなご	川内大綱引、トシドン
日置市	いちご、茶、薩摩焼	妙円寺詣り
曽於市	黒ぶた、肉牛、すいか	弥五郎どん祭り
霧島市	黒酢、焼酎、鯛車	上野原遺跡、霧島山、初午祭
いちき串木野市	ちりめん、さつまあげ、サワーポメロ	七夕踊
南さつま市	らっきょう、かぼちゃ、しらす	吹上浜砂の祭典
志布志市	うなぎ、茶、メロン、ピーマン	枇榔島
姶良市	肉牛、きくらげ、帖佐人形	くも合戦大会
奄美市	黒糖、黒糖焼酎、本場大島紬	奄美海洋展示館、マングローブ原生林
南九州市	知覧茶、さつまいも、川辺仏壇	知覧武家屋敷群
三島村	つばき油、たけのこ	薩摩黒島の森林植物群落
十島村	塩、びわ、パッションフルーツ	トカラ列島県立自然公園、悪石島のボゼ
さつま町	あおし柿、たけのこ、薩摩切子	轟の瀬
長島町	じゃがいも、みかん、あじ、ぶり	日本マンダリンセンター
湧水町	米、茶、竹製品	霧島アートの森、丸池の湧水
大崎町	うなぎ、マンゴー	大崎海岸
東串良町	きゅうり、ピーマン、ちりめん	唐仁古墳群
錦江町	ひらまさ、いちご、ぶどう	神川大滝、花瀬自然公園
南大隅町	じゃがいも、マンゴー、デコポン	佐多岬
肝付町	辺塚だいだい、マンゴー	内之浦宇宙空間観測所
中種子町	茶、いせえび、パッションフルーツ	長浜海岸
南種子町	早場米、さつまいも	種子島宇宙センター 宇宙科学技術館
屋久島町	タンカン、縄文水、とびうお	屋久杉自然館、縄文すぎ
大和村	タンカン、すもも	群倉
宇検村	タンカン、くるまえび、うこん	湯湾岳
瀬戸内町	タンカン、くろまぐろ、いせえび	ダイビング、諸鈍シバヤ
龍郷町	タンカン、黒糖焼酎、本場大島紬	平瀬マンカイ
喜界町	白ごま、黒糖、島バナナ	百之台公園
徳之島町	タンカン、黒糖、マンゴー	闘牛
天城町	黒糖焼酎、じゃがいも、マンゴー	闘牛、トライアスロンIN徳之島大会
伊仙町	グアバ、黒糖、じゃがいも	戦艦大和慰霊塔、闘牛
和泊町	じゃがいも、ゆり	ワンジョビーチ、日本一のガジュマル
知名町	黒糖、じゃがいも、芭蕉布、ゆり	昇竜洞、田皆岬
与論町	黒糖、ウコン、もずく	大金久海岸と百合ヶ浜、与論民俗村

沖縄県

市区町村	特産品	観光名所・祭りなど
那覇市	壺屋焼、琉球漆器、紅型、首里織	首里城跡、識名園、那覇祭り
宜野湾市	紅型、田芋	トロピカルビーチ
石垣市	パイナップル、石垣牛、八重山上布	川平湾
浦添市	てだくわ茶、海ぶどう、琉球漆器	浦添城跡
名護市	シークワーサー、ゴーヤー	名護博物館、国際海洋環境情報センター
糸満市	にんじん、琉球ガラス	ひめゆりの塔、沖縄県平和祈念資料館
沖縄市	知花花織	ゲート通り、おきなわマラソン
豊見城市	マンゴー、琉球漆器、ウージ染め	旧海軍司令部壕
うるま市	きく、オクラ、黄金いも、もずく	勝連城跡
宮古島市	くるまえび、もずく、宮古上布	八重干瀬、宮古島市地下ダム資料館
南城市	もずく、くるまえび、マンゴー	玉泉洞、斎場御嶽

市区町村	特産品	観光名所・祭りなど
国頭村	タンカン、茶、置き炭	やんばる野生生物保護センター
大宜味村	シークワーサー、喜如嘉の芭蕉布	芭蕉布会館、海神祭
東村	パイナップル、パパイヤ	慶佐次湾のヒルギ林
今帰仁村	すいか、マンゴー、きく、もずく	今帰仁城跡
本部町	タンカン、かつお、アセローラ	沖縄美ら海水族館、もとぶ八重岳桜祭り
恩納村	もずく、あおさ、海ぶどう	万座毛、恩納村のリゾートホテル
宜野座村	じゃがいも、きく、マンゴー	漢那ビーチ
金武町	田芋、海ゴーヤ、ぶなしめじ	ネイチャーみらい館
伊江村	島らっきょう、黒糖、らっかせい	伊江ビーチ、ヌチドゥタカラの家
読谷村	やちむん(陶器)、読谷山花織、紅いも	座間味城跡
嘉手納町	みかん、マンゴー、びわ	サツマイモ発祥の地(野国総管)
北谷町	塩、ノニジュース	美浜アメリカンビレッジ
北中城村	あおさ、パッションフルーツ、らん	中城城跡
中城村	島にんじん、島だいこん、さとうきび	中城城跡
西原町	もろみ酢、黒糖	内間御殿
与那原町	ひじき、赤がわら	与那原大綱曳
南風原町	琉球かすり、かぼちゃ、へちま	沖縄陸軍病院南風原壕群20号
渡嘉敷村	まぐろ、黒米	ダイビング、ホエールウオッチング
座間味村	もずく、パパイヤ	ホエールウオッチング
粟国村	黒糖、ソテツみそ	ヤヒジャ海岸
渡名喜村	島にんじん、もちきび	ダイビング
南大東村	まぐろ、パパイヤ加工品	星野洞
北大東村	黒糖、じゃがいも、まぐろ	燐鉱石貯蔵庫跡
伊平屋村	黒糖、伊平屋米、もずく	米崎ビーチ
伊是名村	もずく、島米、たこ	尚円王御庭公園、伊是名玉御殿
久米島町	久米島紬、くるまえび	ユイマール館、はての浜
八重瀬町	ピーマン、紅イモ、グァバ、マンゴー	港川人遺跡
多良間村	黒糖、ヤギ汁	ふるさと海浜公園
竹富町	ミンサー、パイナップル、マンゴー	星砂の浜、日本最南端の碑、種取祭
与那国町	与那国織、黒糖	日本最西端の碑、海底遺跡

う

え

お

た・ち・つ・て・と

ふ

へ

む

監 修

松田 博康（まつだ ひろやす）　元・玉川大学客員教授

● 企　　画：渡部のり子（小峰書店）
　　　　　　伊藤素樹・岡村 洋
● 装丁・デザイン：倉科明敏（T.デザイン室）
● 編　　集：渡部のり子・増田秀彰・山崎理恵（小峰書店）
● 編集協力：北郷克典・石井祐輔（ダブルウイング）
● 校　　正：太田美枝（ミエズオフィス）
● イラスト：マカベアキオ・たなかけんじ・小林伸子

写真・資料提供（順不同）

上勝町、姫路市、ASC水産養殖管理協議会、たみこの海パック、恩納村、(一社)恩納村観光協会、日本ユニセフ協会、西粟倉村、下川町、FSCジャパン、Fujisawa SST協議会、グリーンパワーインベストメント、ユーグレナ、イオンモール、加賀市、ENEOS、石巻市、日本カーシェアリング協会、熊本市、産業技術総合研究所、大泉町観光協会、あわえ、十津川村観光協会、茅ヶ崎市、国土地理院、国立市教育委員会、富士山火山防災協議会、名古屋市交通局、総務省、大阪メトロ、文京区観光協会、(公社)京都府観光連盟、九州地方整備局、JAながの、Pacifico Energy、朝日新聞社/Cynet Photo、PIXTA、フォトライブラリー

参考文献

上勝町ホームページ　ZERO WASTE TOWN Kamikatsu／鎌倉市ホームページ／姫路市ホームページ／農林水産省ホームページ　食品ロスとは／朝日新聞デジタル　SDGs ACTION!／月刊事業構想ホームページ／恩納村ホームページ／水産庁ホームページ　サンゴ礁の働きと現状／SDGs CLUBホームページ／西粟倉村ホームページ　百年の森林構想／Through Meホームページ／下川町ホームページ　2030年における下川町のありたい姿／資源エネルギー庁ホームページ　なっとく!再生可能エネルギー／Fujisawaサスティナブル・スマートタウン公式サイト／株式会社グリーンパワーインベストメントホームページ／株式会社ユーグレナ公式ホームページ／日本自動車工業会ホームページ／再エネ100宣言 RE Action情報サイト／一般社団法人次世代自動車振興センターホームページ　クリーンエネルギー自動車A to Z/Spaceship Earthホームページ／SDGs未来都市としての防災型地域エネルギー事業の取組について(熊本市)／女性が輝く「めがねのまちさばえ」(鯖江市)／福井・鯖江めがね 総合案内サイト／浜松市における「外国人の子どもの不就学ゼロ作戦事業」について(自治体国際化フォーラム Nov.2014)／日本語ジャーナルホームページ／全国町村会ホームページ／大泉町ホームページ／日経BP総合研究所ホームページ／美波町サテライトオフィス情報サイト／内閣府ホームページ　地方創生テレワーク／日本テレワーク協会ホームページ／奈良県ホームページ　OKUYAMATO WORKATIONなど

第4版　都道府県別 **日本の地理データマップ**

調べ学習ガイド・全巻さくいん　NDC291　87P　29×22cm

2022年11月25日　第4版 第1刷発行
2023年3月31日　第4版 第2刷発行

初版2007年4月刊「都道府県別 日本の地理データマップ」
第2版2012年11月刊「新版 都道府県別 日本の地理データマップ」
第3版2017年12月刊「第3版 都道府県別 日本の地理データマップ」

監 修 者　松田博康
発 行 者　小峰広一郎
発 行 所　株式会社 小峰書店
　　　　　〒162-0066　東京都新宿区市谷台町4-15
　　　　　電話 03-3357-3521　FAX 03-3357-1027
組　　版　株式会社明昌堂
印刷・製本　図書印刷株式会社

©2022　H.Matsuda　Printed in Japan
https://www.komineshoten.co.jp/　ISBN978-4-338-35508-7

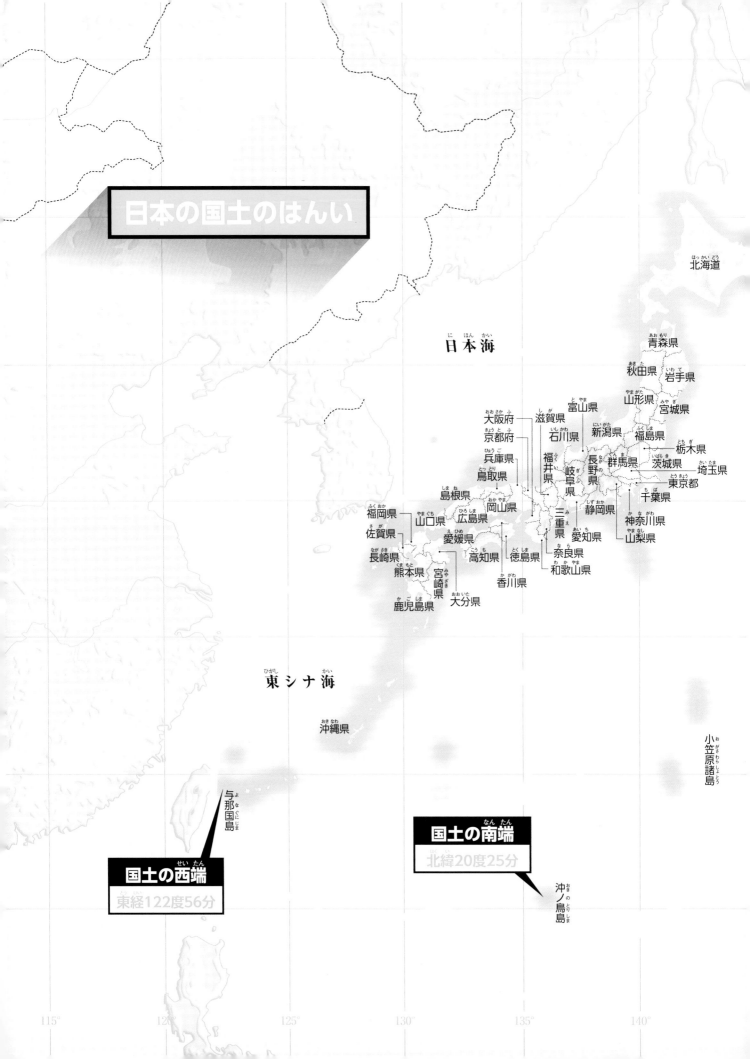

日本の国土のはんい

北海道

日本海（にほんかい）

青森県（あおもり）
秋田県（あきた） 岩手県（いわて）
山形県（やまがた）
富山県（とやま） 宮城県（みやぎ）
新潟県（にいがた） 福島県（ふくしま）
大阪府（おおさかふ） 滋賀県（しが）
石川県（いしかわ） 栃木県（とちぎ）
京都府（きょうとふ） 長野県（ながの） 茨城県（いばらき）
兵庫県（ひょうご） 福井県（ふくい） 群馬県（ぐんま） 埼玉県（さいたま）
鳥取県（とっとり） 岐阜県（ぎふ） 東京都（とうきょう）
島根県（しまね） 岡山県（おかやま） 千葉県（ちば）
福岡県（ふくおか） 広島県（ひろしま） 三重県（みえ） 静岡県（しずおか）
佐賀県（さが） 山口県（やまぐち） 神奈川県（かながわ）
愛媛県（えひめ） 愛知県（あいち） 山梨県（やまなし）
長崎県（ながさき） 高知県（こうち） 徳島県（とくしま） 奈良県（なら）
熊本県（くまもと） 和歌山県（わかやま）
宮崎県（みやざき） 香川県（かがわ）
鹿児島県（かごしま） 大分県（おおいた）

東シナ海（ひがしシナかい）

沖縄県（おきなわ）

小笠原諸島（おがさわらしょとう）

与那国島（よなぐにじま）

国土の西端（せいたん）
東経122度56分（とうけい）

国土の南端（なんたん）
北緯20度25分（ほくい）

沖ノ鳥島（おきのとりしま）

115°　120°　125°　130°　135°　140°